Les savoirs de l'école

CM2
Cycle 3

Cahier d'activités

Français

Nouveau Programme

Grammaire
Orthographe
Vocabulaire
Conjugaison

Frank MARCHAND

collection dirigée par
Jean HÉBRARD

HACHETTE
Éducation

Les droits d'auteur afférents à la direction de collection sont intégralement versés à l'association « Vaincre la Mucoviscidose », 181, rue de Tolbiac, 75013 Paris. La mucoviscidose est une affection génétique grave qui fait souffrir un nombre important de jeunes enfants d'âge scolaire (250 nouveaux cas apparaissent chaque année en France). L'association est un partenaire actif des dispositifs d'accueil des élèves atteints de maladies chroniques graves. On peut la contacter au 01 40 78 91 91.

Édition : Valérie Dumur
Couverture : SG Création
Illustrations : Laurent Audoin et Jean-Louis Goussé
Conception maquette : Christiane Bourbon
Réalisation : Christiane Bourbon

ISBN 201116442-7

AVANT-PROPOS

Au cours de cette année de CM2, dernière année du *Cycle des Approfondissements*, qui te conduira à la porte du collège :

- tu travailleras sur de nombreuses questions que tu as déjà abordées au cours des deux années précédentes, mais ce ne sera pas une simple révision ; **tu les aborderas d'une manière nouvelle**, destinée à te les faire mieux comprendre ;

- **tu découvriras de nouveaux sujets d'étude** que tu étais trop jeune pour aborder jusqu'àlors.

Avec l'aide de ton enseignant, continue à faire les activités de ce cahier avec soin, et tu n'auras aucun problème pour entrer en sixième et y réussir.

Bon courage et bonne chance !

SOMMAIRE PAR MATIÈRES

Grammaire

Vocabulaire

Orthographe

Les mots dans le texte

Conjugaison

SOMMAIRE

Le verbe

Comment on lisait au tout début de l'écriture

Aujourd'hui, nous lisons sans bouger les lèvres, avec les yeux. Mais autrefois, quand seuls les savants et les prêtres savaient lire, *ils prononçaient les mots à voix basse* quand *ils lisaient pour eux*, et à voix haute, bien sûr, lorsqu'ils s'adressaient à une assemblée… Les gens d'Église relisaient la Bible, le « Livre », jusqu'à en connaître beaucoup de textes par cœur. Au IVe siècle, saint Augustin constata que son maître, Ambroise de Milan, lisait seulement avec les yeux, sans marmonner. *Il en éprouva un vif étonnement.*

Rappel

1 Entoure les verbes du texte ci-dessous et souligne leur sujet.

Quand seuls les savants et les prêtres savaient lire, ils prononçaient les mots à voix basse. Au IVe siècle, saint Augustin constata que son maître, Ambroise de Milan, lisait seulement avec les yeux.

Recherche

2 Écris, dans le tableau, les trois parties de phrases soulignées du texte.

Le verbe n'a pas de complément d'objet	Le verbe a un complément d'objet	
	c.o.d.	c.o.i.
....	....	....
....	....	....
....	....	....

3 Comment appelle-t-on :

- un verbe qui n'exige pas de complément d'objet ? ....
- un verbe qui exige un ou plusieurs compléments d'objet ? ....

Application

4 Recopie les passages du texte en italique. Entoure les verbes, souligne en bleu les sujets, en rouge les compléments d'objet.

....

....

....

Exercices

5 Entoure chaque verbe et souligne son sujet.

À l'inverse d'une course normale, les voitures d'un rallye partent à intervalle d'une minute. Fréquemment, plusieurs voitures accomplissent le parcours dans le temps prévu. On départage les concurrents avec des « épreuves spéciales ». Le rallye diffère des courses normales sur un autre point : toutes les voitures emmènent un navigateur qui guide le pilote. Celui-ci se consacre donc entièrement à son pilotage.

6 Recopie chaque phrase à la bonne place dans le tableau.

1. L'air chaud monte. 2. Nous répondons à nos correspondants. 3. Le boa étouffe sa proie. 4. Le Niger produit du riz. 5. Ma montre retarde.

Le verbe n'a pas de complément d'objet	Le verbe a un complément d'objet	
	c.o.d.	c.o.i.
....	....	....
....	....	....
....	....	....

7 Avec chacun des verbes, écris deux phrases. L'une n'aura pas de complément, l'autre aura un c.o.d. Regarde l'exemple.

Descendre → L'avion descend. Quelqu'un descend l'escalier.

1. coudre → ....
2. répéter → ....
3. pêcher → ....

Grammaire et écriture

8 En t'inspirant de ce paragraphe, où l'on décrit à l'aide de nombreux verbes au présent un personnage en train d'agir, décris à ton tour un personnage de ton choix.

Orphée, célèbre musicien de la Grèce antique, voyage dans de nombreux pays. À son retour, il s'installe en Thrace où il épouse Eurydice. Mais un jour, celle-ci meurt. Désespéré, Orphée décide de descendre aux enfers pour la reprendre à Hadès, dieu des enfers. Il emporte sa lyre avec lui et commence à jouer. Il joue si bien qu'il attendrit Hadès.

....

....

....

....

....

....

L'accord du verbe avec son sujet

Le requin et ses pilotes

(1) Nous tombons sur un requin d'une espèce que nous ne connaissons pas. (2) Nous nageons vers lui, mais il ne bat pas en retraite. (3) Au-dessus de son dos nage un poisson de vingt centimètres rayé de bleu et de noir, sans doute le fameux poisson pilote. (4) Autour du requin, une dizaine de ces poissons pilotes paraissent avoir été rangés par un étalagiste. (5) Le plus petit de tous, un pilote grand comme l'ongle, frétille juste devant le museau du requin.

Recherche

1 **Entoure les verbes du texte et souligne leur sujet.**

2 **Écris les phrases 1 et 2 du texte, en remplaçant nous par je.**

....

....

....

3 **Transforme la phrase 3 du texte de sorte que le sujet se trouve avant le verbe.**

....

....

4 **Transforme cette phrase passive en phrase active.**

Ces poissons pilotes paraissent avoir été rangés par un étalagiste.

....

Exercices

5 **Entoure chaque verbe et souligne son sujet.**

Simone plongea à ma rencontre. Je lui remis mes langoustes et redescendis. Elle nagea vers un rocher où pêchait le propriétaire du bateau.

6 **Souligne chaque verbe et relie-le à son sujet complet, que tu entoureras.**

Le requin gris s'éloigne un peu, se retourne et vient droit sur nous. Nous flottons en surface avec la tête dehors. Nos jambes, qui sont sous l'eau, agitent les palmes à toute allure.

7 **Entoure le verbe et souligne ses trois groupes sujets. Dans chaque groupe sujet, entoure le nom principal.**

Aux alentours de la grande falaise de craie blanche, jusqu'à la jetée des Roches Noires, les parapentes de toutes les couleurs, les combinaisons de toutes nuances des sportifs, les ULM suivis de leurs banderoles publicitaires faisaient au-dessus de l'océan une agitation insensée.

Le présent : conjugaison

Le filon !

Une énorme roche a été tranchée en deux par la foudre. Les deux moitiés s'écartent. Elles ouvrent une crevasse verticale. Morgane y pénètre. Elle frémit. Ce chemin noir s'enfonce à travers le roc. Mais, tout à coup, elle aperçoit une ligne scintillante. Elle gratouille cette traînée brillante avec la pointe de son couteau. Un petit grain d'or se détache et tombe dans sa main. Elle gratte. Des morceaux, plus gros, apparaissent, découvrant un véritable filon !

Recherche

1 Souligne les verbes du texte conjugués au présent.

2 Écris ces verbes, à l'infinitif, dans le tableau.

Verbes du 1er groupe	Verbes du 2e groupe	Verbes du 3e groupe
....	....	....
....	....	....
....	....	....
....	....	....

Exercices

3 Conjugue les verbes au présent, aux personnes indiquées. Tu peux t'aider de ton livre.

chanter			finir			vendre		
Personne	Radical	Termin.	Personne	Radical	Termin.	Personne	Radical	Termin.
je	....	....	je	....	....	je	....	....
tu	....	....	tu	....	....	tu	....	....
nous	....	....	nous	....	....	nous	....	....
ils	....	....	ils	....	....	ils	....	....

4 Conjugue les verbes au présent.

1. Le paysage *(changer)* .... d'une région à une autre. **2.** Nous *(voyager)* .... beaucoup en avion. **3.** À la sortie de la ville, les maisons *(s'espacer)* .... progressivement. **4.** Nous *(être)* .... dans le sud de la France. **5.** J'*(apercevoir)* .... un champ d'oliviers. **6.** Je *(ressentir)* .... un immense espoir.

5 Recopie ce texte en conjuguant au présent les verbes qui sont à l'imparfait.

Eau, tu n'avais pas de goût, on ne pouvait pas te définir, on te goûtait sans te connaître. Mais tu étais la vie. Tu répandais le bonheur.

....

....

Utiliser le dictionnaire

Un surprenant docteur

Le docteur K. Arsène Merlan ne correspondait absolument pas à l'image que Milo se faisait d'un docteur. Il portait un pantalon flottant à raies qui menaçait de tomber au premier mouvement, une chemise imprimée couverte de palmiers à laquelle deux boutons manquaient, un seul gant, un nez de clown, un nœud papillon à moitié défait et un chapeau tyrolien bosselé avec une plume de chaque côté. Le docteur K. Arsène Merlan mordait à belles dents dans un sandwich et de la moutarde dégoulinait le long de son menton.

Rappel

1 Cherche le mot docteur dans ton dictionnaire ; entre quels mots repères se trouve-t-il ?

....

2 Recopie, dans l'article ci-dessous, la définition qui correspond au sens du texte.

FLOTTANT, ANTE • 1° Qui flotte. *Glaces flottantes.* • 2° Qui flotte dans l'air. *Une robe flottante.* • 3° Incertain, irrésolu. *Esprit flottant.* • 4° *Dette flottante* : partie de la dette publique qui n'est pas consolidée.

Dictionnaire Hachette Junior.

....

....

Recherche

3 Recopie, dans ton dictionnaire, les différentes définitions du mot nœud et souligne celle qui correspond au sens de ce mot dans le texte.

....

....

....

....

4 Indique à quelle classe appartient, dans le texte, le mot papillon. Aide-toi de ton dictionnaire.

Coche la bonne réponse.

C'est un adjectif. ☐ C'est un nom. ☐ C'est un élément du nom composé *nœud papillon*. ☐

5 Quel est le radical du mot tyrolien ? ....

Que désigne ce radical ? ....

Application

6 Indique le sens de ces deux expressions. Aide-toi de ton dictionnaire.

1. Avoir la dent dure : ....
2. Avoir une dent contre quelqu'un : ....

Exercices

7 **Barre l'intrus dans chaque ligne. Tu peux utiliser ton dictionnaire.**

1. Foire → marché – exposition – pénitence – fête.
2. Pavillon → maison – drapeau – oreille – insecte.
3. Patron → pardon – employeur – modèle – saint.
4. Côte → pente – haricot – os – littoral.
5. Bouton → veste – rose – peau – toiture.

8 **Écris, dans chaque case, la lettre correspondant au sens du mot souligné.**

1. *À midi, on nous a servi des pâtes.* ☐

A. Aliment préparé avec de la semoule de blé dur et vendu prêt pour la cuisine.
B. Préparation, mélange plus ou moins mou.

2. *Comme ma mère faisait un achat important, le vendeur lui a consenti une remise.* ☐

A. Local où l'on peut abriter les voitures.
B. Diminution de prix.
C. Renonciation au remboursement d'une dette.

3. *Le bureau de l'association s'est réuni pour fixer la date de l'assemblée générale.* ☐

A. Pièce où l'on travaille.
B. Meuble sur lequel on écrit.
C. Ensemble des dirigeants d'une association.

9 **À l'aide de ton dictionnaire, complète avec un mot de la même famille que le mot souligné. Regarde l'exemple.**

La pluie tombe depuis une semaine. → *Il* ***pleut*** *depuis une semaine.* (*pleut* : verbe pleuvoir – se trouve dans la page qui précède celle du nom *pluie*.)

1. Le *jardin* de mon oncle est bien tenu. → Le .... est son passe-temps favori.
2. On reconnaît de loin les joueurs grâce au .... qu'ils portent sur le *dos*.
3. Cet itinéraire présente certains *dangers*, mais l'autre est encore plus ....

10 **À l'aide de ton dictionnaire, complète cet article avec cinq mots de la famille que le nom herbe.**

1. .... *n. m.* Prairie naturelle qui sert au pâturage des bestiaux.
2. .... *n. m.* et *adj.* Produit destiné à détruire les mauvaises herbes.
3. .... *n. m.* Collection de plantes desséchées et pressées, utilisées pour les études botaniques.
4. .... *n. m.* et *adj.* Mammifère qui se nourrit de végétaux, d'herbe.
5. .... *v.* Cueillir des plantes sauvages pour les étudier ou pour les utiliser en cuisine ou en médecine.

Vocabulaire et écriture

11 **Sans utiliser de dictionnaire, rédige un article pour le mot singe. Fais figurer deux sens de ce mot ; pour chaque sens, donne une définition et une phrase exemple.**

....

....

....

....

Une femme à la hauteur !

Je dois avouer que l'arrivée de la blonde himalayesque sur l'allée qui mène à mon humble cabane fut l'une des plus grandes surprises de ma carrière fertile.

Elle frappa, se baissa et entra. […]

Stefka regardait autour d'elle avec un très mince sourire sur les lèvres, légèrement voûtée, comme si elle craignait de heurter le toit de ma cabane en se redressant. Moi, je regardais Stefka de haut en bas et de bas en haut, ce qui pouvait constituer une véritable occupation pendant un bon moment.

– Un mètre quatre-vingt-sept, m'annonça-t-elle.

– Ah oui ?

– Comme on finit toujours par me demander, je préfère dire tout de suite. Après, on peut parler des choses intéressantes.

Elle avait un accent et oubliait un mot de temps à autre. Sinon, Stefka s'exprimait dans un excellent français.

– Ensuite, on me demande d'où je viens. Mon père était bulgare et ma mère polonaise, mais je suis née en Allemagne. En RDA. Vous vous souvenez, la RDA ?

– Hon ! hon ! Un pays gris avec un mur.

– Voilà. J'ai répondu à toutes les questions.

– C'est gentil d'être passée. La curiosité me rongeait.

Mais elle en avait terminé avec ce chapitre. Le sujet, maintenant, c'était moi. L'inspection au radar ne dura pas longtemps. Le verdict tomba. Dru.

– Petit bureau. Petit détective. Petites enquêtes.

Tassé sur ma chaise à l'ombre des étagères poussiéreuses, je n'avais guère de chance d'être à la hauteur de Son Altitude. Mais impossible de lui en vouloir à cause de la façon charmante dont elle ajouta :

– Bon. Tant pis. Je peux m'asseoir ?

– Ça me soulagerait.

Elle prit place sur la chaise en face de moi, de l'autre côté du bureau. Même quand elle avait replié ses jambes sans fin, Stefka paraissait encore se tenir debout. Mais je n'avais plus besoin de me tordre le cou pour affronter son regard bleu, pur, direct et un rien glacial. Et j'avais ainsi l'occasion de contempler le reste d'un peu plus près : cheveux courts très blonds, visage rond, très rose. Aucune trace de maquillage. Deux minuscules boucles d'oreille, et c'est tout.

Lorris Murail, *Dan Martin fait son cinéma*, coll. « Cascade policier », Rageot.

1 **Quel est le métier du personnage qui raconte ? Selon toi, pourquoi Stefka lui rend-elle visite ?**

....

....

....

....

2 **Quel est le radical du mot himalayesque ? Qu'est-ce que l'Himalaya ? À quel trait physique de Stefka renvoie l'adjectif himalayesque ?**

....

....

....

3 **Dans les lignes 25 à 38 du texte, trouve une autre expression qui évoque la taille de Stefka de façon ironique.**

....

4 **Par contraste avec Stefka chez qui tout est de grande taille, chez son interlocuteur, tout est petit. Relève la réplique où elle le souligne d'une façon assez brutale et méprisante.**

....

5 **Dans la conversation entre Stefka et son jeune interlocuteur, plusieurs répliques se passent de verbe. Relève trois répliques contenant une phrase sans verbe.**

1. ....
2. ....
3. ....

6 **Dans les lignes 31 à 38, le portrait de Stefka est également composé de phrases sans verbe. Relève les deux phrases sans verbe qui constituent ce portrait.**

1. ....
2. ....

7 **Le dictionnaire donne plusieurs sens au mot dru. De quel sens se rapproche-t-il dans le texte ?**

DRU, UE
1. *adj.* qui pousse vigoureusement et en épaisseur. **Épais, touffu :** *Herbe drue. Barbe drue.*
2. *adv.* La pluie, la neige tombe dru.

....

....

Le complément d'objet direct (c.o.d.)

Au bord du Mékong[1]

(1) On vendait à Mytho les produits de la ville dont les gens de la campagne avaient besoin. (2) Sur le marché, on trouvait les fruits, les poissons et les porcs. (3) Une promenade longeait le Mékong. (4) En contrebas, le fleuve charriait des détritus. (5) Il les accumulait parfois le long du quai. (6) Au milieu du fleuve, glissaient silencieusement des sampans[2]. (7) J'observais ceux-ci. (8) Des embarcations légères évoluaient autour d'eux. (9) Je constatais qu'ils ne les heurtaient jamais. (10) J'aimais rêver devant ce spectacle. (11) J'ignorais que j'en serais loin une semaine plus tard.

1. *Mékong* : fleuve d'Asie.
2. *sampans* : bateaux d'Extrême-Orient avançant à la godille et à l'aviron.

Rappel

1 **Quelle question pose-t-on, après le verbe conjugué, pour trouver le complément d'objet direct ?**

....

2 **Souligne en bleu les verbes du texte et leur sujet.**

Recherche

3 **Souligne en rouge chaque c.o.d. du texte, puis écris dans la colonne qui convient le numéro de la phrase où il se trouve.**

Phrases contenant un c.o.d. constitué			
d'un GN	d'un pronom	d'un infinitif	d'une proposition
....	....	....	....
....	....	....	....

4 **Recopie la phrase du texte ayant trois c.o.d.**

....

Application

5 **Écris, dans le tableau, les phrases 3 et 10.**

Groupe sujet	Groupe verbal		Autre complément
	verbe	c.o.d.	
....	....	....	....
....	....	....	....

Exercices

6 **Réponds aux questions en remplaçant chaque groupe nominal c.o.d. par un pronom. Regarde l'exemple.**

Où vois-tu les pigeons ? → Je les vois sur le toit.

1. Où le moineau pond-il ses œufs ? → ....
2. Où attache-t-on le chien ? → ....
3. Quand papa prépare-t-il la pâtée du chien ? → ....
4. Où place-t-il sa gamelle ? → ....

7 **Remplace chaque infinitif c.o.d. par une proposition c.o.d. Regarde l'exemple.**

Les élèves espèrent voir beaucoup de neige. → Les élèves espèrent qu'ils verront beaucoup de neige.

1. Chacun pense skier. → ....
2. Michaël affirme vouloir faire du sport. → ....

8 **Remplace chaque pronom c.o.d. par un groupe nominal c.o.d. de ton choix.**

1. Les parents les attendent. → ....
2. Chaque soir, nous l'avons écrite. → ....
3. Ce matin, le maître l'a annoncé. → ....
4. Le moniteur les a demandées. → ....
5. La dame de la cantine l'a servi. → ....

9 **Invente une phrase dont le verbe aura un c.o.d. qui sera :**

1. un GN : ....
2. un pronom : ....

Grammaire et écriture

10 **À l'aide de combien de c.o.d. ce portrait est-il écrit ? À ton tour, fais le portrait d'un personnage de ton choix (réel ou imaginaire) en utilisant le plus possible de c.o.d.**

David avait de grands yeux verts pleins d'innocence, un nez semé de taches de rousseur, des dents blanches entretenues avec soin, des cheveux courts d'un blond tirant sur le roux, des joues rondes avec des fossettes…

....

....

....

....

....

L'accord du verbe avec le sujet qui

Le métro

Toi qui empruntes chaque jour le métro, tu ne fais plus attention à ce train qui roule sur plusieurs centaines de kilomètres de rails. Ce compagnon de tous les jours qui a déjà un siècle te permet de te rendre n'importe où dans la capitale. Aux heures d'affluence, les voyageurs qui se hâtent vers leur domicile s'entassent comme ils peuvent dans ses wagons.

Recherche

1 **Le pronom relatif remplace l'antécédent. Entoure l'antécédent de chacun des quatre qui.**

2 **À quelle personne est chacun de ces antécédents ?**

1. .... 2. ....
3. .... 4. ....

3 **Écris les quatre verbes ayant pour sujet qui. Indique à quelle personne est conjugué chacun de ces verbes.**

1. .... 2. ....
3. .... 4. ....

Exercices

4 **Entoure qui, sujet du verbe, souligne son antécédent et écris la terminaison du verbe au présent.**

1. Le rosier qui *encadr*...... ma fenêtre est en fleurs. 2. Les soldats qui *rentr*...... chez eux sont fatigués. 3. Toi qui *chant*...... dès le matin, tu me réveilles. 4. Nous qui *all*...... en vacances, pensons à ceux qui *rest*...... 5. J'aime ces parfums qui me *rappell*...... ma jeunesse.

5 **Conjugue les verbes au présent.**

1. Lui qui *(gagner)* .... toujours a perdu, cette fois.
2. Les primevères qui *(pousser)* .... dans les haies annoncent le printemps.
3. C'est nous qui *(travailler)* .... le mieux.
4. Toi qui *(marcher)* .... vite, va me chercher des timbres.
5. Ce sont eux qui *(réparer)* .... les voitures.

6 **Conjugue les verbes au présent. Souligne le mot ou le GN avec lequel se fait l'accord.**

1. Les lampadaires qui *(éclairer)* .... l'avenue *(être)* .... très beaux.
2. Toi qui *(travailler)* .... beaucoup, tu devrais réussir.
3. Nous qui *(habiter)* .... en ville, nous aimons aussi la campagne.
4. C'est vous qui *(être)* .... nos invités.
5. Ce sont eux qui *(habiter)* .... dans cet immeuble.

Le présent : emploi

Des noms pour mon cheval

Rien n'arrête le brouillard de chez nous. Il se glisse sous vos habits, il se faufile par l'entrebâillement de la fenêtre et vient vous retrouver jusque dans votre lit. Tous les soirs, quand je rentre de l'école, s'il n'y a pas de brouillard, je m'installe dehors, sur le banc.

Ce soir, pour passer le temps, je cherche de nouveaux noms pour mon cheval. J'en ai déjà une liste longue d'un kilomètre et demi. Pourtant, en ce moment, je ne possède pas de cheval. Mais on m'en a promis un…

Recherche

1 **Souligne les verbes du texte conjugués au présent.**

2 **Parmi tous ces verbes :**

- **entoure en rouge ceux qui expriment quelque chose qui existe de tout temps ;**
- **entoure en bleu ceux qui expriment quelque chose qui se répète ;**
- **entoure en noir ceux qui expriment une action qui se produit juste au moment où l'on parle.**

3 **Comment appelle-t-on ces trois types de présent ?**

• En rouge, présent .... • En bleu, présent .... • En noir, présent ....

Exercices

4 **Souligne les verbes au présent : en rouge, présent permanent ; en bleu, présent d'habitude ; en noir, présent actuel.**

À chaque fois que je viens en vacances ici, je me promène dans les bois. Depuis des siècles, au bord du fleuve qui traverse la forêt, les aulnes se penchent sur l'eau, les moucherons dansent dans les rayons de soleil. Ce matin, je monte dans ma barque et je l'engage dans le courant.

5 **Écris les phrases au présent historique. Aide-toi de ton livre.**

L'Indien alla se placer sur le rivage du lac et attendit. Tout à coup, il distingua une voix humaine et découvrit un canoë à demi caché par les joncs.

....

....

6 **Écris les verbes à l'infinitif dans le tableau.**

Présent permanent	Présent d'habitude	Présent actuel
....	....	....
....	....	....

1. Tous les jours à la même heure, le vent se lève, la teinte du ciel se modifie.
2. Il est huit heures, je prends mon cartable et je pars pour l'école.
3. Depuis plusieurs siècles, cette cloche appelle les villageois à l'église.

Livre p. 95

Les familles de mots

Une colère magistrale

Notre père était en route pour une colère dont il avait le secret. « Vous vous offrez d'être chauve, d'être ventru, d'être cagneux et, pour couronner le tout, vous êtes méchant. Vous êtes ignoblement méchant. Monsieur, vous êtes un mufle ! » Le bonhomme battait en retraite. Il descendait les marches, deux par deux, puis quatre à quatre. D'un étage à l'autre, les locataires faisaient la haie, les uns stupéfaits, les autres goguenards. Et papa dégringolait sur les talons de sa victime.

Rappel

1 **Cherche la définition de chacun de ces mots du texte et recopie-la.**

1. cagneux : ....
2. mufle : ....
3. goguenard : ....

2 **Relis dans ton livre ce qu'est une famille de mots. Écris les mots de la famille de ventru. Tu peux utiliser ton dictionnaire.**

....

....

Recherche

3 **On dit d'une personne sourde qu'elle est atteinte de** ....

Écris le radical de ce mot : ....

4 **Cherche des mots de la famille de retraite ayant pour radical :**

1. retrait- : ....
2. rétract- : ....
3. retir- : ....

5 **Cherche des mots de la famille de quatre ayant pour radical :**

1. quatr- : ....
2. quadr- : ....
3. quart- : ....

Application

6 **À l'aide de ton dictionnaire, trouve des mots de la famille de chèvre formés à l'aide des trois formes du radical :**

1. chevr- : ....
2. capr- : ....
3. cabr- : ....

Exercices

7 À l'aide de ton dictionnaire, complète avec des mots de la même famille.

1er nom	2e nom	Verbe	Adjectif	1er nom	2e nom	Verbe	Adjectif
acte	....	....	....	chair	....	....	....
....	écriture	....	....	....	spectacle	....	....
....	....	battre	....	....	....	croire	....
....	....	....	campagnard	....	....	....	illisible

8 Complète avec quatre mots de la famille de main.

1. Utiliser en ayant en main *(v.)* : ....
2. Action de manier, d'utiliser avec les mains *(n. m.)* : ....
3. Qu'on manie et utilise facilement *(adj.)* : ....

9 Complète avec trois mots de la même famille.

1. Évoluer gracieusement sur la glace *(v.)* : ....
2. Spectacle d'évolutions sur la glace *(n. m.)* : ....
3. Lieu aménagé pour évoluer sur la glace *(n. f.)* : ....

Ces mots ont été formés sur le nom ....

10 Trouve trois mots de la famille de chant appartenant à la classe indiquée et emploie-les dans une phrase.

1. verbe : ....
2. nom : ....
3. nom : ....

11 Complète les phrases avec ces mots de la famille de défendre.
indéfendable – défense – défenseur – défensive.

1. Les armées assurent la .... du pays. **2.** L'accusé a pris un célèbre avocat comme .... **3.** Si un pays est attaqué, il doit faire une guerre .... **4.** L'avocat a fait ce qu'il a pu, mais son client était ....

12 Complète avec cinq mots de la même famille. Pour t'aider : c'est un synonyme du mot carreau.

La .... du magasin a été cassée. On appelle le .... qui vient aussitôt, mais aucune de ses .... n'est assez grande. Il est vrai que la surface .... est immense. Il devra commander un .... d'une dimension inhabituelle.

Vocabulaire et écriture

13 Trouve deux noms et deux adjectifs de la famille du verbe élire et rédige la définition de chacun de ces mots.

1er nom : ....

2e nom : ....

1er adjectif : ....

2e adjectif : ....

Suprême punition !

Sempicor est peut-être la planète idéale : la plus sûre, la plus riche, la plus paisible. Mais on y meurt d'ennui. Moi, en tout cas.

Les seuls qui ont une vie amusante sont les membres de la Garde Pourpre. Ils sont chargés de la sécurité de Sempicor. Eux sont autorisés à prendre des risques. Certains sont basés sur la planète, d'autres circulent dans tout le système de Simarion (notre Soleil) et même au-delà dans la galaxie. Ils protègent les convois de vaisseaux marchands contre les pirates de Bruzor. Ils portent des uniformes rouge sombre et argent et ont droit au matériel le plus perfectionné.

Nous étions chargés, justement, de livrer deux simulateurs de vol à leur centre d'entraînement : dernier modèle, hyper-sensible, ultra-perfectionné, à commande télépathique, spatio-temporel, et tout… et tout.

Je n'ai pas résisté. Pendant qu'ils étaient entreposés dans notre hangar, je me suis glissé à l'intérieur d'une des cabines. Les simulateurs reproduisent ce que vont vivre les pilotes en mission. On est dans la même situation : on voit les paysages, les objectifs, les vaisseaux ennemis, comme s'ils étaient vrais. Nous nous exerçons parfois sur de vieux modèles.

J'ai fait juste un petit tour : le temps de quitter l'atmosphère de Sempicor, de longer prudemment Bruzor, et de jeter un coup d'œil à Ellora, la petite planète des vacances. Un rêve ! Il faut croire que malgré mes précautions j'ai déréglé quelque chose, car le pilote qui s'en est servi après moi s'est retrouvé bloqué en – 40 000 solstènes, en pleine guerre des tribus. On a eu un mal de chien à le faire revenir et il a eu tellement peur qu'on a dû le placer en caisson de reconstitution.

C'est ainsi que j'ai récolté la corvée du troisième anneau[1].

Et comme j'en ai assez de leurs punitions ridicules, j'ai décidé que je n'irais pas. J'ai trafiqué mon pulseur d'ozone et je suis devenu pâle et transparent comme si j'entrais en mue : chez nous on ne déplace jamais celui qui mue, ça pourrait le tuer. […]

Ils ont eu des doutes, ils m'ont passé aux rayons gamma et se sont aperçus de la supercherie. J'étais de nouveau bon pour le conseil de discipline. […]

Le Grand Statuor en personne a présidé la séance. Il est grave, plus encore que d'ordinaire.

– Galanor, m'explique-t-il, tu nous poses un sérieux problème. Tu es un brillant apprenti pilote, tu montres des qualités certaines en radio-magnétisme mais tu te conduis de façon beaucoup trop irresponsable. […] Nous allons donc t'envoyer, pour une bonne période, sur une planète encore préhistorique, où les habitants vivent comme nous il y a 40 000 solstènes, sans égard pour leur univers, entrant en guerre au moindre désaccord. Nous espérons qu'un séjour chez eux te mettra du plomb dans la cervelle. […]

– Elle se trouve où, cette planète ? dis-je, la mort dans l'âme.

– À environ huit mille solstènes-lumière d'ici, dans un coin assez vide de la galaxie. Elle paraît bleue tant son atmosphère est épaisse et ses océans étendus. Ses habitants l'appellent la Terre.

Catherine Missonnier, *Extraterrestre appelle CM1*, Rageot.

1. *La corvée du troisième anneau :* corvée consistant à trier les ordures de la planète Sempicor.

1 En quoi consiste la « suprême punition » sur Sempicor ?

....

2 Cite trois raisons pour lesquelles Galanor envie le sort de la Garde Pourpre.

....

....

3 Relève les noms d'appareils qui donnent l'impression d'un haut développement technologique.

....

4 Relève les adjectifs, formés à l'aide de préfixes destinés à impressionner le lecteur, qui caractérisent les deux simulateurs de vol.

....

....

5 Par opposition à tout ce qui valorise Sempicor, relève les expressions qui mettent en évidence l'état d'arriération de la Terre.

....

....

....

6 Certains noms propres de Sempicoriens ou de planètes voisines de Sempicor sont formés de la même façon. Relève-les. Quel suffixe leur est commun ?

....

7 Trouve les deux passages (l'un au début, l'autre à la fin du texte) qui contiennent des verbes au présent. Relève ces verbes. Dis de quel présent il s'agit : présent permanent, présent d'habitude, présent actuel.

....

....

....

8 Galanor fait semblant de muer. Selon toi, lequel des deux sens contenus dans le dictionnaire est celui du texte ? Pourquoi ?

Muer (verbe)

1. Changer de pelage ou de plumage. *Les serpents, les oiseaux, les crustacés **muent**.*
2. Changer de timbre de voix. *Les garçons **muent** au moment de l'adolescence.*

Dictionnaire Hachette Junior, CE, CM.

....

9 Combien y a-t-il de c.o.d. dans les phrases ci-dessous ? Souligne-les.

Ils protègent les convois de vaisseaux marchands contre les pirates de Bruzor. Ils portent des uniformes rouge sombre et argent, et ont droit au matériel le plus perfectionné.

L'attribut du sujet

Les kangourous

Les kangourous sont des herbivores. Ils sont très répandus. Le kangourou roux est surtout nocturne. Il est heureux dans les climats chauds. Sa nourriture préférée est l'herbe. Les principaux destructeurs de kangourous semblent être les éleveurs qui défendent l'herbe de leurs troupeaux. À leur naissance, les jeunes kangourous paraissent gris-bleu. Ensuite, ils deviennent roux.

Rappel

1 **Revois, dans ton livre page 12, les verbes qui introduisent le plus couramment un attribut (verbes d'état) et entoure ceux qui sont dans le texte.**

2 **Souligne l'attribut introduit par chacun de ces verbes et relie-le au sujet.**

Recherche

3 **Réduis à une phrase minimale chacune des phrases du texte contenant un attribut. Quand une phrase est minimale dans le texte, recopie-la telle quelle.**

Le kangourou roux est essentiellement nocturne. → Le kangourou est nocturne.

....

....

....

....

4 **Écris les phrases de l'exercice 3 dans le tableau.**

L'attribut est un adjectif qualificatif.	L'attribut est un GN.
....	....
....	....
....	....
....	....

5 **Transforme la phrase en une phrase formée de : sujet + être + attribut.**

Ils ont les pattes postérieures très développées.

....

Application

6 **Souligne les attributs (en rouge les GN, en bleu les adjectifs) et relie-les à leur sujet.**

L'épaulard est un dauphin très rapide. Il est sociable. En général, les femelles restent fidèles à leur groupe d'origine, alors que les mâles sont inconstants : ils passent d'un groupe à l'autre. Quand un groupe devient trop important, ils le quittent. La principale occupation d'un épaulard est la chasse.

Exercices

7 **Remplace le verbe être par un autre verbe d'état.**

1. Le sorbier *est* .... un arbuste de plus en plus apprécié.
2. Au printemps, il *est* .... léger avec son feuillage dentelé.
3. Son tronc lisse *est* .... élancé comme une pousse de noisetier.
4. En été, ses fins rameaux *sont* .... surchargés par les grappes de baies.
5. En automne, son feuillage *est* .... rouge comme celui d'une treille.

8 **Réponds seulement aux questions qui appellent un attribut.**

1. Qu'es-tu, un garçon ou une fille ? ....
2. Quel est ton sport préféré ? ....
3. Où habites-tu ? ....
4. Qui vend des légumes au marché ? ....
5. Quels sont les ennemis des souris ? ....
6. Quel animal paraît le plus gros de tous ? ....
7. Quelle est la distance de Paris à Rome ? ....

9 **À l'aide d'attributs du sujet, donne une définition de chaque GN. Regarde l'exemple.**

L'Airbus est un avion de transport de passagers.

1. La piste ....
2. La tour de contrôle ....
3. L'aéroport ....

10 **Réponds aux questions en remplaçant l'attribut (GN ou adjectif) par un pronom. Regarde l'exemple.**

Le pilote était-il inquiet ? → Non, il ne l'était pas. (ou : *Oui, il l'était.*)

1. L'avion est-il un moyen de transport fiable ? ....
2. Serais-tu content(e) de faire un voyage en avion ? ....
3. Le parachute est-il une bonne sécurité ? ....
4. Dans dix ans, les avions seront-ils plus rapides ? ....

Grammaire et écriture

11 **Souligne les attributs de ce paragraphe puis, à ton tour, sur ce modèle, fais le portrait d'un personnage de ton choix.**

Il était une fois une reine qui accoucha d'un fils. Il était laid et mal fait et elle faillit en mourir de désespoir. Mais une fée qui se trouvait là à la naissance de l'enfant lui promit qu'il serait plein d'esprit. Il serait, également, le prince le plus aimable du monde. Tout cela consola un peu la pauvre reine.

....

....

....

....

....

L'accord du participe passé

L'absence du cavalier

Kumbo est parti avec son poney. Pour éviter une hermine rousse qui traversait le chemin, le poney a fait un bond et Kumbo a failli tomber. Ils sont repartis et ont disparu dans le lointain. Les heures ont passé. Surong est allée ramasser l'écharpe rouge que son ami a perdue dans la course. Puis, sur sa jument grise, elle est partie explorer la piste qu'ils ont prise le matin.

Recherche

1 Souligne les verbes du texte au passé composé : en bleu ceux conjugués avec être, en rouge ceux conjugués avec avoir.

2 Indique avec quel groupe de mots se fait l'accord du participe passé employé avec l'auxiliaire être. Tu peux t'aider de ton livre.

....

Vérifie ta réponse en reliant les quatre verbes employés avec *être* à leur sujet.

3 Indique avec quel groupe de mots se fait l'accord du participe passé employé avec l'auxiliaire avoir.

....

Vérifie ta réponse en recopiant dans le tableau les six propositions dans lesquelles le participe passé est employé avec *avoir*.

Le verbe n'a pas de c.o.d.	Le verbe a un c.o.d. placé après lui.	Le verbe a un c.o.d. placé avant lui.
....	....	....
....	....	....
....	....	....

Exercices

4 Accorde les participes passés.

Le roi a *(décider)* .... de coucher à Blois. Le vent et la pluie qui ont *(durer)* .... tout le jour l'ont *(rendre)* .... de mauvaise humeur. Les notables sont *(venir)* .... le saluer. Les paroles qu'ils lui ont *(dire)* .... ont *(exprimer)* .... leur fidélité.

5 Accorde chaque participe passé et souligne le mot sur lequel se fait l'accord.

Nous étions *(arrimer)* .... dans nos sièges par les sangles que nous avions *(boucler)* .... Vint le moment où les rétrofusées durent être *(mettre)* .... à feu. Un choc nous avertit que nous étions *(arriver)* .... Par la porte que nous avions *(ouvrir)* ...., nous aperçûmes une plaine.

Livre p. 129

Le présent de l'impératif : conjugaison, emploi

Conseils d'une maman phoque

Matkah chanta à Katick la lente chanson de toutes les mères phoques : « Ne nage pas avant d'avoir six semaines, mais barbote et deviens fort, libre enfant de la mer ouverte ! »
Katick grandit, il vit des hommes rabattre les phoques vers les abattoirs, les assommer. La douce Matkah lui dit : « Tu ne pourras jamais empêcher les tueries. Va jouer dans la mer, Katick, avant que nous soyons obligés de fuir. »

Recherche

1 **Souligne les propositions du texte dans lesquelles la maman phoque donne des conseils à son petit. Entoure les verbes de ces propositions.**

2 **Conjugue à l'impératif, à toutes les personnes, ces verbes du texte. Tu peux t'aider de ton livre.**

1. nager : ....
2. barboter : ....
3. devenir : ....
4. aller : ....

Exercices

3 **Écris les verbes à l'impératif présent, à la 2e personne du singulier.**

(Prendre) .... un vase étroit. *(Supprimer)* .... les feuilles des tiges. *(Placer)* .... une rose à la verticale. *(Ajouter)* .... des renoncules. *(Finir)* .... avec des anémones.

4 **Écris cette recette à l'impératif.**

Il faut que vous fassiez lever les filets de sole par le poissonnier. Il est nécessaire que vous fariniez les filets et que vous les trempiez dans un œuf battu. Ensuite, vous les ferez dorer à la poêle et vous les égoutterez. Vous accompagnerez le poisson d'une grosse boîte de ratatouille niçoise.

....

....

....

....

5 **Écris ce paragraphe en supposant que le capitaine s'adresse à deux hommes de quart.**

Le capitaine appela l'homme de quart. « Ne t'endors pas, ouvre bien les yeux et préviens-nous lorsque la baleine apparaîtra. Il faut que nous soyons prêts à tout instant. Veille à ce que nous ne l'ayons pas dépassée pendant la nuit. Apprête-toi et cours ! »

....

....

....

....

Le passage de l'adjectif au nom

Le poisson grillé en plein air

Sur l'épaisseur du lit de braise, quelques tisons flambent encore un peu. La transparence et la légèreté de la fumée portent à vos narines une odeur appétissante. C'est le moment de faire sauter le poisson de son vieux gril dans votre assiette. La raideur de sa carapace craque et bâille sur la blancheur et la fermeté de sa chair dont la saveur rappelle le goût de la mer et les parfums de la forêt.

Rappel

1 **À quelle classe appartiennent les six mots soulignés dans le texte ?**

....

2 **Ces six mots sont-ils des mots simples ou des mots dérivés ? Tu peux t'aider de ton livre.**

....

Recherche

3 **À partir de quel mot origine chacun de ces noms du texte est-il formé ? Quelle est la classe de ce mot ? À l'aide de quel suffixe est-il formé ? Complète le tableau.**

Nom	Mot origine	Classe du mot origine	Suffixe
1. épaisseur	....	....	....
2. transparence	....	....	....
3. légèreté	....	....	....
4. raideur	....	....	....
5. blancheur	....	....	....
6. fermeté	....	....	....

Application

4 **Forme un nom à partir de chaque adjectif souligné, puis entoure le suffixe. Tu peux t'aider d'un dictionnaire. Regarde l'exemple.**

Livraison rapide → Rapid[ité] de la livraison

1. Transport gratuit → ....
2. Construction robuste → ....
3. Sécurité insuffisante → ....
4. Ajustage précis → ....
5. Utilisation monotone → ....
6. Dépannage prompt → ....
7. Matière première noble → ....
8. Finition parfaite → ....

Exercices

5 Relie chaque nom à l'adjectif dont il est issu.

rugosité •	• coupable
culpabilité •	• vrai
opacité •	• sourd
surdité •	• étanche
véracité •	• opaque
étanchéité •	• rugueux

6 Transforme chaque phrase en groupe nominal. Regarde l'exemple.

Le matelas est souple. → La souplesse du matelas.

1. Cette voiture est maniable. → ....
2. Ces vases sont fragiles. → ....
3. Le vainqueur est modeste. → ....
4. Ce film est drôle. → ....
5. Les voyageurs sont inquiets. → ....
6. Les rues sont propres. → ....

7 À chaque fois, transforme les deux phrases données en une seule. Regarde l'exemple.

Le climat est doux. Cela rend les vacances agréables. → La douceur du climat rend les vacances agréables.

1. Cette femme est populaire. Cela fait qu'elle ne passe jamais inaperçue.

....

2. Ce chauffeur est qualifié. Cela fait qu'on peut partir avec lui en toute confiance.

....

3. Ces personnes sont ingrates. Cela les rend antipathiques.

....

Vocabulaire et écriture

8 En transformant les adjectifs en noms, tu mets en évidence les qualités et les défauts. Fais-le pour ce texte qui rend compte de l'essai d'une voiture.

Exemple : Les acheteurs ont vu que la voiture était bien présentée → Les acheteurs ont vu la bonne présentation de la voiture.

Les journalistes ont remarqué que le moteur est nerveux et puissant. L'essai a montré que la voiture est maniable en ville. La presse a critiqué le coffre qui est exigu et la visibilité qui est insuffisante. On est unanime à souligner que les manœuvres sont facilitées par la direction précise et légère.

....

....

....

....

....

....

Premier embarquement

Ils partirent le matin du 26 septembre 1831. L'été avait été si sec que malgré les dernières pluies on n'avait pas encore vu passer les barques de l'amont, de Montignac ou d'Aubas. Mais Marcel Audy, le meilleur, après Neyrac, avait fait la descente jusqu'aux Eyzies. Au retour il avait dit :

– La rivière ne cesse de monter, signe qu'il pleut en amont. Faut y aller. On gagne un voyage sur l'année peut-être.

Ricou se trouva sur la gabare[1] que dirigeait Marcel Audy. C'était un homme doux au regard triste et comme résigné d'avance. Il était de ces gens qui accomplissent ce que leur père a fait avant eux et qui, sans forfanterie[2] ni bruit, essaient tout simplement d'agir aussi bien que lui. L'autre homme était Daniel, un grand, beau garçon de vingt ans, silencieux et méfiant parce qu'il était protestant et que dans le pays on menait encore la vie dure aux gens de la religion réformée.

Marcel se tenait à l'avant, muni d'une longue perche qu'on appelle la haste. Il mesurait les fonds, rectifiait la direction. Daniel était à l'arrière, au gouvernail, et répondait aux ordres de Marcel :

– Cacha ! Cacha ! Serra ! Barre à gauche, barre à droite !

Quant à Ricou, c'est lui qui devait enrouler les cordages d'amarre, veiller sans relâche au chargement, passer prestement d'un bord à l'autre suivant les ordres de Marcel sans compromettre l'équilibre. Au premier coude de la rivière ils [...] aperçurent Le Biang[3] : juché sur son unique jambe comme un héron, il brandissait sa béquille en signe d'adieu. Ricou, la tête tournée de joie et d'émotion, agitait sa rame en l'air.

– Tu navigues ou tu fais le moulin à vent ? lui demanda Marcel, mais sa voix était amusée et il souriait. Attention, disait-il, pousse à gauche… Maintiens le palou[4] dans l'eau… Ralentis… Ça y est…

Ils avaient atteint le chenal d'eau profonde d'un brun rougeâtre comme une coulée d'ocre. La barque craquait doucement, comme une personne qui s'installerait et chercherait sa place. L'eau sur la coque émettait ce bruit chuintant, moitié murmure, moitié baiser, que les nourrices font aux nouveau-nés. [...]

Sur la rive, droite et grasse, on voyait les hommes brûler les chaumes en vue des prochains labours et les femmes nettoyer le dessous des noyers. Ricou se croyait presque d'une espèce supérieure parce qu'il glissait sans bruit et presque sans effort devant ces gens liés à leur labeur.

– Ne regarde pas la terre, Ricou ! cria Marcel. La rivière, c'est comme un mauvais cheval, faut pas la quitter des yeux…

Thalie de MOLÈNES, *Ricou et la rivière*, coll. « Castor Poche », Flammarion.

1. *gabare* : embarcation à fond plat utilisée autrefois sur les rivières pour le transport des marchandises.
2. *forfanterie* : vantardise, fanfaronnade.
3. *le Biang* : infirme, ami de Ricou.
4. *palou* : accessoire nécessaire pour diriger une gabare.

1 **Dans ton dictionnaire, recopie la définition des mots soulignés dans le texte.**

1. amont : ....
2. chenal : ....
3. ocre : ....
4. chuintant : ....

2 **Quel est le contraire du mot amont ?** ....

3 **Dans ton dictionnaire, recopie les deux définitions du mot chaume et souligne celle qui correspond au sens de ce mot dans le texte (ligne 35).**

....

....

....

4 **Sur un bateau, à quoi sert la barre ?**

....

5 **Pourquoi Marcel dit-il à Ricou : « Tu navigues ou tu fais le moulin à vent (ligne 26) ? »**

....

....

....

6 **Souligne chaque attribut du sujet et entoure le sujet qu'il qualifie.**

Marcel Audy était un homme doux au regard triste. Il était de ces gens qui accomplissent ce que leur père a fait avant eux. L'autre homme était Daniel, un grand, beau garçon de vingt ans, silencieux et méfiant parce qu'il était protestant.

7 **Relève quatre ordres donnés par Marcel à l'aide de l'impératif.**

1. ....
2. ....
3. ....
4. ....

8 **Suppose que Marcel donne ces ordres à plusieurs personnes, comment seraient-ils formulés ?**

1. ....
2. ....
3. ....
4. ....

9 **« Cacha ! Cacha ! Serra ! » Penses-tu que ce langage est une langue étrangère ? un patois local ? une langue propre aux mariniers ? Pourquoi ?**

....

....

Le complément circonstanciel (c.c.)

Entre lagune et océan

(1) Entre la lagune et l'océan Indien s'étend une longue bande de sable. (2) Là, des dunes couvertes d'herbe drue arrêtent les eaux de l'océan. (3) Celui-ci, inlassablement, bat le rivage. (4) Dans un fracas terrible, des vagues balaient la terre. (5) Jour et nuit, elles s'écroulent dans un bruit de tonnerre. (6) Cette longue plage s'étire sur plus de cent kilomètres. (7) Romain passait sa vie sur cette plage dans une pauvre cahute.

Rappel

1 **Entoure chaque verbe du texte : souligne en bleu son sujet ; en rouge son complément d'objet, s'il en a un.**

2 **Écris dans le tableau les constituants de chacune des deux premières phrases du texte.**

Groupe sujet	Groupe verbal	c.c.
....	....	....
....	....	....
....	....	....
....	....	....
....	....	....

Recherche

3 **Souligne en vert les compléments circonstanciels du texte.**

Combien sont des GN ? ☐ Combien sont des noms propres ? ☐

Combien sont des noms communs ? ☐ Combien sont des adverbes ? ☐

4 **Certains compléments circonstanciels du texte sont introduits par une préposition. Entoure en vert ces prépositions. Tu peux t'aider de ton livre page 39.**

Application

5 **Classe les compléments circonstanciels du texte dans le tableau en écrivant le numéro des phrases où ils se trouvent.**

Compléments circonstanciels de lieu (où ?)	Compléments circonstanciels de temps (quand ?)	Compléments circonstanciels de manière (comment ?)
....	....	....
....	....	....

Exercices

6 **Recopie le texte en déplaçant les compléments circonstanciels à l'intérieur de chaque phrase.**

Meung-sur-Loire, sur la rive droite de la Loire, à 14 km à l'ouest d'Orléans, montre ses vestiges anciens. Plusieurs ruisseaux traversent la ville sur toute sa longueur. Ils alimentaient autrefois de vieux moulins.

....

....

....

7 **Souligne les compléments circonstanciels, puis classe-les dans le tableau.**

Dès son réveil, Richard ouvrait un livre. Le soir, à table, si un grand parlait de Napoléon, Richard rectifiait une date, donnait des renseignements supplémentaires. De temps à autre, la famille tenait conseil dans la grande salle. On décida que, plus tard, Richard serait tout désigné pour diriger le domaine.

Compléments circonstanciels de temps	Compléments circonstanciels de lieu
....	....
....	....
....	....
....	....

8 **Écris les phrases en ajoutant à chacune un c.c. de temps et un c.c. de lieu.**

1. Un singulier cortège apparut.
2. Le grand escogriffe salua le roi.
3. Les habitants étaient fiers de leur ville.

1. ....
2. ....
3. ....

9 **Souligne les c.c. et indique s'ils sont groupes nominaux GN ou adverbes adv. (voir page 42 du livre).**

1. Guillaume habitait près de la prison. ☐
2. Cette année-là, Louis XI visita Orléans. ☐
3. Au loin, on préparait une attaque contre le royaume. ☐
4. Le roi riposta aussitôt. ☐
5. Pour la première fois, on voyait une foule semblable. ☐

Grammaire et écriture

10 **Récris ce paragraphe en plaçant les c.c. en début de phrase.**

Basile avait tout juste dix-sept ans, né à Ménilmontant. Son costume ressemble presque à un uniforme pour la première fois. Ils sont des milliers à acclamer le général Émile Duval place de l'Hôtel-de-Ville. C'est la débandade soudain. Les troupes régulières et les bataillons des beaux quartiers, commandés par Gustave Chaudey, tirent sur la foule affolée.

....

....

....

....

Le participe passé en -é ou l'infinitif en -er

Le bonheur

Le bonheur est dans le pré. Cours-y vite, cours-y vite.
Le bonheur est dans le pré, cours-y vite. Il va filer.
Si tu veux le rattraper, cours-y vite, cours-y vite.
Si tu veux le rattraper, cours-y vite. Il va filer. [...]
Saute par-dessus la haie, cours-y vite, cours-y vite,
saute par-dessus la haie, cours-y vite ! Il a filé !

Paul FORT, *Ballades françaises*, Flammarion.

Recherche

1 **Dans le texte, souligne en rouge les verbes à l'infinitif et en bleu le verbe au participe passé.**

2 **Dans ton livre, recherche comment distinguer -é de -er.**
Applique ce procédé aux verbes que tu as soulignés dans le texte : récris les phrases en faisant la substitution de verbes.

....

Exercices

3 **Remplace par pris ou prendre, entre parenthèses, les verbes dont le début est en italique. Recopie ensuite les phrases en terminant les verbes par -er ou -é.**

Les accélérations ont *augment* (......................). J'ai senti une force irrésistible me *plaqu* (......................) contre mon siège. Celui-ci était *dispos* (......................) de façon à *allég* (......................) le poids qui m'écrasait, mais j'avais du mal à *boug* (......................) un bras ou une jambe.

....

....

....

....

4 **À côté de chaque infinitif en -er, écris un infinitif du 3e groupe.**

1. En juin, on voit les fraises *(parfumer)* .... les fourrés.
2. En automne, les chênes laissent *(tomber)* .... leurs glands dont les sangliers peuvent se *(régaler)* ....
3. Au loin, on voit *(onduler)* .... les blés sous le vent.
4. On ne voyait pas *(tomber)* .... la pluie tant la nuit était noire.

5 **Complète avec -er ou -é.**

1. Bastien se met à *trembl*........ dans les ténèbres. Parfois, une rafale l'enveloppe comme pour *l'emport*........ . Le mieux est de se *précipit*........ la tête en avant, afin de *trou*........ l'ombre.
2. Nos bicyclettes ont *dérap*........ et mon frère vient *constat*........ les dégâts.

L'imparfait : conjugaison

Une mère

Cette mère encore jeune avait un visage agréable à regarder, des yeux qui souriaient même quand elle était mécontente, un front tranquille et sans rides qu'encadraient des cheveux châtains bien tirés et lisses. Elle s'habillait simplement et, lorsqu'elle sortait, elle choisissait des vêtements de couleur claire. La bonne humeur était en elle. Elle ne se plaignait pas de travailler, mais la moindre minute de tranquillité lui semblait un bienfait inestimable.

Recherche

1 **Souligne les verbes du texte conjugués à l'imparfait.**

2 **Écris ces verbes, à l'infinitif, dans le tableau (à l'exception des verbes avoir et être).**

Verbes du 1er groupe	Verbes du 2e groupe	Verbes du 3e groupe
....	....	....
....	....	....

Exercices

3 **Conjugue les verbes à l'imparfait, aux personnes indiquées. Tu peux t'aider de ton livre.**

sembler			plaindre			sourire		
Personne	Radical	Termin.	Personne	Radical	Termin.	Personne	Radical	Termin.
je	....	....	je	....	....	je	....	....
tu	....	....	tu	....	....	tu	....	....
nous	....	....	nous	....	....	nous	....	....
ils	....	....	ils	....	....	ils	....	....

4 **Recopie les phrases en écrivant à l'imparfait les verbes au présent.**

1. Tu *examines* la situation. 2. Nous *jouons* aux cartes. 3. Je *bois* un verre d'eau.
4. Le vent *fraîchit* chaque soir. 5. Ces écharpes nous *plaisent* beaucoup. 6. Il *reprend* du dessert.

....

....

....

5 **Conjugue les verbes à l'imparfait.**

1. Vous *(craindre)* .... d'être en retard. 2. Nous *(crier)* .... très fort.

3. Il *(être)* .... content parce qu'il *(avoir)* .... retrouvé son portefeuille.

4. Au printemps, tout *(renaître)* .... à la vie.

Livre p. 96

Le passage du nom à l'adjectif

Le cinéma égyptien présent à Cannes

Ouverture d'un concours d'affiches publicitaires

Les défenseurs des richesses maritimes attaquent

Victoire du onze bordelais

Les films français à l'honneur

Rappel

1 **Dans les titres ci-dessus, souligne les GN contenant un adjectif.**

2 **Recopie ces GN en remplaçant les adjectifs par des compléments du nom. Regarde l'exemple.**

Le cinéma égyptien → *Le cinéma de l'Égypte*

.... → ....

.... → ....

.... → ....

.... → ....

Recherche

3 **Écris chaque GN en remplaçant l'adjectif par un complément du nom de même sens. Entoure les prépositions.**

1. La population européenne → ....
2. Un vol spatial → ....
3. Une tenue hivernale → ....
4. Un parachute ventral → ....

4 **Écris chaque GN en remplaçant le complément du nom par un adjectif de même sens.**

1. Une randonnée de nuit → ....
2. L'alimentation pour chiens → ....
3. Une course à bicyclette → ....
4. Les vacances d'été → ....

Application

5 **Recopie le texte en remplaçant chaque GN contenant un complément du nom (en italique) par un GN avec un adjectif.**

La température de l'hiver en France a été froide cette année. Dans *les régions proches de nos frontières de l'Est*, *la température de la nuit* a battu des records de froid, dans *les localités de la campagne*, surtout.

....

....

....

Exercices

6 Relie chaque nom à l'adjectif qui lui correspond. (Tu peux consulter ton dictionnaire.)

abdomen •	• rural	dimanche •	• masculin
œil •	• latéral	cheval •	• féminin
campagne •	• urbain	femme •	• insulaire
ville •	• abdominal	homme •	• dominical
côté •	• oculaire	île •	• équestre

7 Remplace chaque complément du nom en italique par un adjectif. Souligne les suffixes des adjectifs.

1. L'équipe de football *de Bordeaux* → ....
2. Les rugbymen *d'Agen* → ....
3. Les joueurs *de Toulouse* → ....
4. Le stade *de Marseille* → ....
5. Le club *de Strasbourg* → ....

8 Remplace chaque adjectif par un complément du nom. Attention, la préposition varie.

1. La lumière lunaire → ....
2. Le centre d'études spatiales → ....
3. Un chauffage solaire → ....
4. La température solaire → ....
5. Une crème solaire → ....

9 Écris l'adjectif qui correspond à chaque point cardinal. Regarde l'exemple.

Un pays situé :

1. *au sud (au midi) est : méridional.*
2. à l'ouest est : ....
3. au nord est : .... ou ....
4. à l'est est : ....

10 Écris l'adjectif qui correspond à chaque complément du nom.

1. Les matchs *(du dimanche)* .... attirent un public *(d'hommes et de femmes)* .... 2. À l'issue du tournoi *(de l'été)* ...., le capitaine *(de Nantes)* .... a reçu la coupe des mains du président de la ligue *(de la région)* ....

Vocabulaire et écriture

11 Récris ce texte en changeant de place, lorsque c'est possible, les adjectifs en italique.

Un riche marchand perdit un jour, dans les rues *sombres* d'un *vieux* quartier de sa ville, un sac *pesant*, dans lequel étaient enfermées mille pièces d'or et un collier *précieux*, tout en or et agrémenté de six *grosses* émeraudes. Cette *petite* fortune fut trouvée par un pauvre diable de mitron qui voulut la rendre. Mais sa femme lui dit : « Gardons-le, c'est bien notre tour d'être riches. »

....

....

....

....

....

Une humanoplante attaque

Les vrilles de la plante jaillirent par la grille d'aération du casier et fouillèrent l'air à ma recherche. Je sautai en arrière, mais j'avais oublié le banc fixé au sol. Je m'étalai de tout mon long.

En une fraction de seconde, les vrilles se démultiplièrent et tapissèrent la porte du casier[1]. Elles se répandirent sur le sol et serpentèrent vers moi.

Je me relevai en hurlant à pleins poumons et me jetai sur la porte d'entrée. Mais les tentacules me devancèrent et poussèrent le verrou avant que je pose la main sur la poignée.

– Au secours ! Au secours ! criai-je en fonçant vers la porte de derrière.

Un tentacule m'enserra brusquement la cheville et je tombai durement. Puis la plante commença à me traîner sur le sol. Je me débattis comme un diable, mais la plante était parfaitement insensible à mes coups de pied. Cependant, je parvins à me redresser et à agripper à deux mains la grosse vrille qui me retenait prisonnière. Elle était d'une solidité à toute épreuve et j'abandonnai provisoirement cette piste. Avec un certain soulagement, je parvins à m'accrocher au pied du banc et je m'y cramponnai avec la force du désespoir.

C'est alors que de nouveaux tentacules jaillirent de la pousse principale. C'était horrible à voir. En une fraction de seconde, ils remontèrent le long de ma jambe en un réseau serré puis ce fut tout mon corps qu'ils prirent d'assaut.

– Au sec…

Une branche se plaqua sur ma bouche, une autre me ferma les paupières. Maintenant, je ne voyais plus rien et je pouvais tout juste respirer. […]

Alors que j'ouvrais la bouche pour crier, une vrille se faufila dans ma gorge. D'atroces haut-le-corps me secouèrent et je me mis à pleurer. À travers mes larmes, je vis que la plante me ramenait à mon casier.

Le spectacle était terrifiant. Ce qui avait été un petit bout de chair verte avait grossi en une plante gigantesque qui tenait à peine dans le casier. La fente en son milieu était une gueule monstrueuse garnie de dents coupantes comme des lames de rasoir. Et la créature bavait abondamment.

La plante m'attirait vers elle pour me dévorer !

Je résistai de toutes mes forces. Alors que je croyais la partie perdue, je réussis à libérer un bras. Aussitôt, je me contorsionnai comme un ver et parvins à arracher une de mes tennis que je jetai dans la gueule du monstre. La plante carnivore bloqua le corps étranger avec ses dents, secoua la gueule puis envoya valdinguer la chaussure. Pendant une fraction de seconde, elle relâcha son étreinte. Il ne m'en fallut pas plus pour détaler.

Je m'élançai vers la porte. Je visais la poignée mais la paume de ma main droite s'écrasa sur l'interrupteur. La lumière jaillit dans la pièce à l'instant précis où une vrille m'enlaçait la cheville. Je m'étalai une fois de plus.

Maintenant, la vrille se rétractait ! Mieux, elle se carapata à toute allure et se replia dans mon casier. Le dernier tentacule referma même la porte derrière lui.

ENGLE et BARNES, *Les Humanoplantes*, trad. Pascale Faux, Pocket Jeunesse, Univers Poche.

1. La scène se passe dans le vestiaire d'un gymnase où chaque élève dispose d'un casier pour ranger ses affaires.

1 **Cette humanoplante ressemble à une plante (elle a des vrilles) et à un animal (elle a des tentacules). En t'aidant de ton dictionnaire :**

- **cite une plante qui a des vrilles :** ……………………………………
- **cite un animal qui a des tentacules :** ……………………………………

2 **L'humanoplante se comporte parfois comme un être humain. Dans ces phrases, souligne les mots ou groupes de mots où ce qu'elle fait est accompli d'ordinaire par des humains.**

1. Les vrilles fouillèrent l'air à ma recherche.
2. Les tentacules poussèrent le verrou avant que je pose la main sur la poignée.
3. À travers mes larmes, je vis que la plante me ramenait à mon casier.
4. La plante m'attirait vers elle pour me dévorer.
5. La vrille se carapata à toute allure et se replia dans mon casier.
6. Le dernier tentacule referma même la porte derrière lui.

3 **« Je me contorsionnai. »**

1. Quel est l'infinitif de ce verbe ? ……………………………………
2. Quel est le nom de la même famille ? ……………………………………
3. Recopie le sens de ce nom dans ton dictionnaire : ……………………………………

4 **Indique de quel nom est issu chacun des trois adjectifs en italique.**

1. une plante *gigantesque* → ……………………………………
2. une gueule *monstrueuse* → ……………………………………
3. la plante *carnivore* → ……………………………………

5 **Souligne les compléments circonstanciels.**

La plante bloqua le corps étranger avec ses dents, secoua la gueule puis envoya valdinguer la chaussure. Pendant une fraction de seconde, elle relâcha son étreinte.

6 **Relève quatre passages contenant un infinitif en -er. Souligne ces infinitifs. Regarde l'exemple.**

La plante commença à me traîner sur le sol.

1. ……………………………………
2. ……………………………………
3. ……………………………………
4. ……………………………………

7 **Construis une phrase avec chacun des quatre verbes de l'exercice 6 : ces verbes seront au participe passé (en -é).**

1. ……………………………………
2. ……………………………………
3. ……………………………………
4. ……………………………………

Le nom

Qui est de plus mauvaise humeur ?

Par une matinée ensoleillée d'avril, j'étais sur la plage rocailleuse de Garavin, en train de ramasser du varech[1]. C'était un travail pénible. Le varech était alourdi par l'eau et le sable. L'âne était de mauvais poil et renversa deux fois les paniers avant que je ne le conduise loin des cailloux : après quoi, il me regarda de côté en grimaçant, jusqu'à ce que je lui tire les oreilles. J'étais dans une belle colère contre le monde entier, lorsque j'ai levé les yeux et aperçu Pat Conroy, debout en haut de la grève[2], qui me regardait en riant de bon cœur.

1. *varech* : algue brune utilisée en agriculture. 2. *grève* : dans ce texte, synonyme de *plage*.

Rappel

1 Souligne en noir chaque nom commun du texte et entoure son déterminant, s'il en a un.

2 Souligne en rouge les noms propres du texte.

3 Écris dans le tableau les deux GN suivants :
une matinée ensoleillée d'avril – la plage rocailleuse de Garavin.

Déterminants	Noms	Expansions du nom	
		Adjectifs épithètes	Compléments du nom
....	....	....	....
....	....	....	....

Recherche

4 Classe dans le tableau les noms communs du texte avec leurs déterminants.

Noms masculins		Noms féminins	
singuliers	pluriels	singuliers	pluriels
....	....	....	....
....	....	....	....
....	....	....	....
....	....	....	....
....	....	....	....

Application

5 Sur le modèle de ton livre page 25, analyse les noms.

Nom	Classe	Genre	Nombre	Fonction
1. âne	....	....	....	....
2. oreilles	....	....	....	....

Exercices

6 Souligne chaque GN et entoure le nom qui est son noyau.

Vers la fin de juillet, il y eut une vague de chaleur dans la vallée du Mameluk. Les mouches elles-mêmes n'avaient plus la force de bourdonner. La rivière n'avait plus qu'un filet d'eau qui coulait entre les prés flétris. Et son eau ne valait plus rien pour faire de la grenadine.

7 Classe chaque nom dans le tableau.

La femme fit fumer des brassées de bois vert. Des chauves-souris voletaient d'une grotte à l'autre, puis allaient se percher au sommet des arbres où on les entendait jacasser comme une troupe de singes. Brusquement, elles se turent. Les hommes dressèrent la tête et l'on vit un groupe d'antilopes se diriger vers la mare, conduites par une vieille femelle : un grand solitaire fermait la marche.

Noms				Autres noms	
d'êtres humains		d'animaux			
féminins	masculins	féminins	masculins	féminins	masculins
....	....	....	....	....	....
....	....	....	....	....	....
....	....	....	....	....	....
....	....	....	....	....	....
....	....	....	....	....	....
....	....	....	....	....	....

8 Dans chaque GN en italique, souligne en rouge le nom complété et en bleu le nom complément.

À travers *les fentes de la porte*, on voyait *des cloches de verre, des pots de fleurs. Des arbres en espalier, sur des fils de fer*, s'étalaient à *la lumière de midi*. C'étaient aussi *des plants de fraisiers, des pois à rames*. Au milieu de tout cela, un vieux, à *chapeau de paille*, arrosait *aux heures du matin*.

Grammaire et écriture

9 Pour décrire ce paysage, on nomme tous les éléments qui le composent (noms soulignés). Fais de même pour décrire un paysage que tu connais bien ou le quartier où tu habites.

Devant nous s'étalait le paysage : la *Loire* endormie, ses longs *sables* en fuseau, ses larges *îles* de *peupliers* feuillus, une *barque* qui pourrit, un *filet* tendu ; au-dessous de nous, les *maisons* avec de noirs *trous de cheminées*, dont quelques-unes fumaient, s'éparpillaient dans les *jardinets* et les petits *vignobles*.

....

....

....

....

....

....

Le pluriel des noms

Les écoles d'autrefois

Dans les campagnes, au milieu du XIXe siècle, il n'y avait qu'une école pour une quinzaine de hameaux. Ce n'était souvent qu'un pauvre local qu'on donnait au régent[1] pour servir à la fois de classe et d'habitation. Souvent, les élèves devaient écrire sur leurs genoux. Au plafond, accrochés à des clous, pendaient des oignons ou des épis de maïs. Une cloison partageait la salle en deux. Derrière la cloison vivaient les animaux qu'on entendait s'ébrouer pendant les leçons.

1. *régent* : c'est ainsi qu'on appelait l'instituteur, à cette époque.

Recherche

1 Observe les mots genoux et clous. Que remarques-tu ? Aide-toi de ton livre pour répondre.

....

....

2 Écris au singulier les mots hameaux et animaux. À l'aide de ton livre, rappelle la règle de formation du pluriel de ces deux catégories de noms.

....

....

....

Exercices

3 Complète avec -s ou -x.

1. Les *cour*........ des *école*........ ont des *préau*........ . **2.** Les *coupable*........ sont passés aux *aveu*........ . **3.** Les *voyageur*........ ont fait leurs *adieu*........ à leurs *proche*........ . **4.** Les *clou*........ de ces *portail*........ sont rouillés. **5.** Il y a des *trou*........ dans ces vieux *tonneau*........ . **6.** Ce marin a pêché trois *lieu*........ sur ses *lieu*........ de pêche habituels.

4 Ajoute les marques du pluriel.

1. Les *pneu*........ de ces vieux *tacot*........ sont usés. **2.** Les feuilles de ces *chou*........ sont pleines de *trou*........ **3.** Sur cet établi, il y a plusieurs *étau*........ .

5 Ajoute les marques du pluriel, lorsque c'est nécessaire.

Les *orange*........, les *grenade*........, les *pruneau*........ s'empilent aux *éventaire*........ . Plus loin, les *salade*........, les *céleri*........, les *chou*........ s'écrasent dans leurs *panier*........ . Des *patate*........ douces, des *cœur*........ de palmier , des *pousse*........ de *bambou*........ sont disposés sur des *claie*........ fabriquées avec des *roseau*........ . À la poissonnerie, les *truite*........ , les *cabillaud*........, les *lieu*........ jaunes mêlent leurs *écaille*........ brillantes.

Le passé simple : conjugaison

Un beau regard

Le chien posa ses deux pattes de devant sur la pantoufle de M. Bergeret et il en mordilla la pointe. M. Bergeret, soudain attendri, eut envie de caresser le petit être sans nom et le prit sur ses genoux. Le chien le regarda. Et M. Bergeret fut ému par ce regard confiant. « Le bel œil ! » dit-il. Il est vrai que ce chien avait de beaux yeux. Mais il finit par les fermer et découvrit, dans un large bâillement, sa gueule rose.

Recherche

1 Souligne les verbes du texte conjugués au passé simple.

2 Écris ces verbes, à l'infinitif, dans le tableau (à l'exception des verbes avoir et être).

Verbes du 1er groupe	Verbes du 2e groupe	Verbes du 3e groupe
poser - mordiller regarder	finir	prendre découvrir

Exercices

3 Conjugue les verbes au passé simple, aux personnes indiquées. Tu peux t'aider de ton livre.

mordiller			salir			prendre		
Personne	Radical	Termin.	Personne	Radical	Termin.	Personne	Radical	Termin.
je	....	....	je	....	....	je	....	....
tu	....	....	tu	....	....	tu	....	....
nous	....	....	nous	....	....	nous	....	....
ils	....	....	ils	....	....	ils	....	....

4 Conjugue au passé simple les verbes à l'imparfait dans ces phrases.

1. Nous *(dansions)* .... toute la nuit. 2. Ils *(pénétraient)* .... dans l'immeuble. 3. Nous *(parvenions)* .... à traverser le ruisseau. 4. Nous *(étions)* .... félicités. 5. Vous *(avertissiez)* .... le responsable.

5 Conjugue les verbes au passé simple.

1. Tu *(observer)* .... le ciel. 2. La lumière *(vaciller)* ....

3. Tu *(être)* .... autorisé à partir. 4. Le cuisinier *(farcir)* .... une oie.

5. Les bûcherons *(abattre)* .... le vieux chêne.

6. Vous *(ramasser)* .... les champignons. 7. Nous n'*(avoir)* .... pas de regrets.

8. Vous *(cueillir)* .... des fleurs.

Le passage du verbe au nom

Condamnation d'un resquilleur

Développement de la pratique du surf

Invitation des enfants au conseil municipal

Croissance des activités au centre de loisirs

La tromperie d'une certaine publicité

Diminution du prix des rollers

Rappel

1 Décompose les trois noms soulignés ci-dessus en radical + terminaison.

1. .... 2. .... 3. ....

2 Quel mot est à l'origine de chacun de ces trois dérivés ?

1. .... 2. .... 3. ....

Recherche

3 Quel verbe est à l'origine du nom qui forme le noyau de chacun des trois autres titres ?

1. condamnation → .... 2. diminution → ....

3. croissance → ....

4 Relie chaque GN à la phrase de même sens.

Prédominance de la grisaille au nord. •	• Une certaine publicité trompe.
Développement des activités de loisir. •	• La grisaille prédomine au nord.
Croissance des exportations. •	• Les exportations croissent.
Tromperie d'une certaine publicité. •	• Les activités de loisir se développent.

5 Transforme les GN en phrases verbales.

1. Arrestation d'un journaliste → ....
2. Élection d'une démocrate à la présidence → ....
3. Adoption de la réforme du service national → ....
4. Augmentation du prix de l'eau de 4,9 % → ....
5. Interdiction de stationner devant l'hôpital → ....

Application

6 Transforme les phrases verbales en GN.

1. On informe les jeunes générations. → ....
2. On limite la vitesse. → ....
3. Le nombre de scooters augmente. → ....
4. L'avion décolle à 8 heures. → ....

Exercices

7 Transforme les phrases suivant l'exemple. (Voir livre page 21.) Regarde l'exemple.

Phrase active	Phrase passive	GN
On lance une fusée.	*Une fusée est lancée.*	*Lancement d'une fusée.*
1. On ravitaille l'avion en vol.	....	....
2. On téléguide la fusée.	....	....
3. On prépare le décollage.	....	....
4. On débarque le matériel.	....	....
5. On survole une île.	....	....

8 Dresse la liste des opérations à réaliser pour faire un bouquet. Regarde l'exemple.

Dans un compotier : *On étale de la pâte à modeler. → Étalage de la pâte à modeler.*

1. On fixe une broche. → ....
2. On pique des feuilles. → ....
3. On met en place quatre tulipes. → ....
4. On enrichit avec des primevères. → ....
5. On achève avec des anémones. → ....

9 Transforme les phrases verbales en GN.

1. Le maire félicite les vainqueurs. → ....
2. On émet un message. → ....
3. Une école ouvrira l'an prochain. → ....
4. La police intervient. → ....

Vocabulaire et écriture

10 Le passage du verbe au nom permet de rédiger des titres.
Voici des articles de journaux. À partir des phrases soulignées, rédige un titre pour chaque article.
Regarde l'exemple.

Dans un torrent de flammes, au milieu d'un vacarme assourdissant, une énorme fusée décolle. → Titre : décollage d'une énorme fusée.

1. Le cosmonaute a atterri sans problème particulier dans la partie occidentale de la steppe. →
Titre : ....

2. Après un voyage suivi par des millions de téléspectateurs, deux astronautes américains ont débarqué sur la Lune à l'heure prévue. → Titre : ....
....

3. Une nouvelle station automatique lunaire a été mise sur orbite à partir d'un satellite artificiel de la Terre. L'objectif de l'expérience est l'exploration de la Lune et de l'espace environnant du satellite naturel de la Terre. → Titre : ....
....

Un as de l'informatique

Bruno voudrait connaître l'origine de sa famille. Pour cela, il fait appel à son ami Pixel, fou d'informatique. Tous les deux s'introduisent clandestinement dans un bureau qui contient plusieurs ordinateurs.

L'air extasié, Pixel se dirigea vers l'écran le plus large et se mit rapidement à l'œuvre.

Ses mains volaient du clavier à la souris avec une vitesse vertigineuse. Il testait les possibilités de la machine et en vantait la puissance avec une intense satisfaction. […]

Bruno observait passivement chiffres et tableaux qui allaient et venaient sur l'écran. De temps à autre, il faisait semblant d'être intéressé, posant même quelque question banale. Peine perdue. Pixel avait été englouti par le bruit sourd de l'ordinateur. Il s'était joint à un million de cerveaux, tous occupés à penser la même chose au même instant.

Bruno attendit de longues minutes en s'agitant sur sa chaise. […]

– Voilà, nous y sommes, dit Pixel en refaisant surface. On commence par le registre d'état civil ?

– Comme tu veux.

– Moi je m'en fiche, ce n'est pas mon problème. C'est toi qui veux prouver qui tu es et d'où tu viens, donc c'est là qu'il faut chercher. Si tu as changé d'avis, dis-le tout de suite.

– Bon, d'accord, vas-y.

– OK, nom et prénom de ta mère, lui demanda Pixel avec le même ton qu'un employé de mairie.

Dès qu'il eut tapé les données, une fenêtre apparut sur l'écran, avec une inscription étincelante : LE RÉSEAU EST INACCESSIBLE. VEUILLEZ INSÉRER LE MOT DE PASSE.

Sans se troubler le moins du monde, Pixel tira une disquette de sa poche. Il la caressa délicatement du bout des doigts et l'introduisit dans le lecteur. Bruno fut fasciné par l'habileté avec laquelle il se remit à pianoter sur le clavier.

Pour finir, Pixel laissa crépiter l'ordinateur crachant ses calculs et s'étira avec satisfaction.

– Ils pensaient m'avoir, mais, avec mon programme, j'entre partout. J'ai mis au point un test de mots de passe très rapide qui neutralise n'importe quel système de protection. Tu vas voir, d'ici quelques minutes…

Tout à coup, les circuits se remirent à ronfler comme d'habitude et l'écran annonça BIENVENUE.

Pixel réinscrivit les dates et cliqua sur rechercher.

Les yeux exorbités, Bruno n'y tenait plus. Encore quelques secondes et…

« Elvira Rocca – née le 12-4-1960 à Milan – de Franco Rocca et… »

– Franco, vite, cherche Franco Rocca ! s'écria Bruno comme un possédé.

Pixel s'exécuta, sans protester.

Franco Rocca, fils de colons siciliens, était né à Tripoli, Libye, en 1930. Il avait obtenu la nationalité italienne et l'autorisation de résider à Milan en 1959. Décédé le 20-10-1981.

Cesare Battisti, *Copier-Coller*, trad. Anna Buresi, avec le concours du Centre national du livre, coll. « Castor Poche », Flammarion.

1 **Pourquoi l'ordinateur demande-t-il un mot de passe afin d'accéder au réseau ?**

....

....

2 **Comment Pixel parvient-il à donner le mot de passe demandé ?**

....

....

3 **Relève huit noms propres : prénoms, noms de famille, surnom, noms de villes ou de pays.**

....

....

4 **Relève chaque verbe et indique à quel temps il est conjugué.**

Pixel se dirigea vers l'écran le plus large et se mit rapidement à l'œuvre. Ses mains volaient du clavier à la souris avec une vitesse vertigineuse. Il testait les possibilités de la machine et en vantait la puissance.

....

....

5 **Dans le texte ci-dessus, indique pourquoi on a employé deux verbes au passé simple et trois verbes à l'imparfait. (Voir livre page 124.)**

....

....

....

6 **« François Rocca avait obtenu l'autorisation de résider à Milan. »**

Cette phrase contient un nom issu d'un verbe. Lequel ? ....

Récris la phrase en utilisant ce verbe à la place du nom.

....

7 **« Il vantait la <u>puissance</u> de la machine avec une intense <u>satisfaction</u>. »**
Indique de quel mot est issu chacun des deux noms soulignés et à quelle classe ces mots appartiennent.

....

....

8 **Pour chaque cas cité ci-dessous, recopie un nom au pluriel dans le texte, puis écris-le au singulier.**

1. La plupart des noms (on ajoute *-s*) : ....
2. Les noms en *-eau* (on ajoute *-x*) : ....
3. Le nom *œil* (le pluriel est un autre nom) : ....

9 **Indique à quel temps et à quelle personne est conjugué chaque verbe en italique. Écris-le à l'infinitif.**

Dès qu'il eut tapé les données, une fenêtre *apparut* sur l'écran. Sans se troubler le moins du monde, Pixel *tira* une disquette de sa poche. Il la *caressa* délicatement du bout des doigts et l'*introduisit* dans le lecteur.

....

Les constituants du groupe nominal

Les tags

Ma camarade m'a emmené jusqu'à une palissade qui fait le tour d'un chantier.
« Tu vois : là !
Elle me montrait un gribouillis noir sur la palissade.
– Je crois que c'est le tag de Thomas G. C'est Duke. Thomas est dans un groupe de tagueurs, le WKL. Son groupe lui a donné un tag à perfectionner. Il faut le mettre partout où on peut. C'est un genre de signature. »
Nous longions la palissade. Elle était couverte d'étranges signes noirs.

Rappel

1 Décompose dans le tableau les GN soulignés du texte.

Partie du GN qui ne peut être supprimée (obligatoire)	Partie qui peut être supprimée
....	....
....	....
....	....
....	....

Recherche

2 Recopie dans le tableau les trois GN avec expansion soulignés du texte.

Constituants obligatoires		Constituants facultatifs
Déterminant	Nom	Adjectif
....	....	....
....	....	Complément du nom ....
....	....	Proposition subordonnée relative ....

Application

3 Recopie dans les parties du texte non soulignées :

- un GN contenant un complément du nom : ....
- un GN contenant deux adjectifs épithètes : ....

4 Elle (encadré dans le texte) est le substitut de quel GN ? ....

5 « Thomas est dans un groupe de tagueurs. » Remplace de tagueurs par une proposition relative.

....

Exercices

6 **Souligne les GN : constituants obligatoires en noir, constituants facultatifs en rouge, quand il y en a.**

Hélène, en accomplissant la tâche que Raïssa lui avait confiée, eut une bonne surprise : ce travail ne l'ennuyait pas. Au contraire, elle y prenait plaisir, elle trouvait que la terre avait une bonne odeur. Un endroit marqué, un trou, un jeune plant de chêne et le tour était joué. On passait au suivant. Les petits arbres s'alignaient parmi les fougères.

7 **Écris les GN du texte à la bonne place dans le tableau.**

Si je pouvais faire apparaître un homme préhistorique, je voudrais lui demander si les dessins qu'il faisait dans les grottes étaient vraiment magiques, les dessins de bisons. Je ne le ferais pas apparaître ici, car il aurait peur des autos, mais dans une prairie immense pour ne pas le dépayser. Les hommes qui l'intervieweraient seraient habillés de peaux de bêtes.

GN → dét. + nom + adjectif	GN → dét. + nom + compl. du nom	GN → dét. + nom + prop. sub. relat.
....	....	....
....	....	....
....	....	....

8 **Écris le GN un homme préhistorique en remplaçant l'adjectif par :**

- un complément du nom : ....
- une proposition subordonnée relative : ....

9 **Recopie le paragraphe en supprimant les compléments du nom.**

Les bancs des spectateurs, taillés dans le roc d'une colline, recouverts de dalles de calcaire, s'élevaient au-dessus d'une arène ovale. Au milieu des gradins qui s'étendaient sur toute la largeur, se dressait la tente royale. Au-dessus d'elle étincelait une énorme tête de taureau en argent. Entre les rangées de bancs s'ouvraient des passages obscurs.

....

....

....

....

10 **Souligne les GN et entoure les expansions du nom.**

Ce capitaine au long cours connaissait les océans du globe. Les cales de son bateau regorgeaient de bois du Canada et de minerai du Québec, qu'il vendait dans le monde entier. Au cours d'une courte escale dans un port de la Norvège, il vendit ses derniers sacs de blé et acheta des blocs de sel.

Grammaire et écriture

11 **Ajoute aux GN soulignés des constituants facultatifs qui en préciseront le sens.**

Bruno refusait de se réveiller tout à fait. Avant de commencer une .... journée, il devait renouer les fils .... Il avait trouvé la solution .... pour se soustraire aux disputes .... Facile, à partir de maintenant, il descendrait déjeuner avec des bouchons .... Une secousse faillit le flanquer à bas .... Il allait crier « Assez ! » quand le fracas .... explosa.

Le pluriel des noms composés

Le marché

Élise s'approvisionne au marché du chef-lieu. Il regorge de produits de première fraîcheur. Aujourd'hui, il lui manque des pommes de terre pour accompagner son pot-au-feu. Elle trouve aussi un beau chou-fleur qu'elle achète sans arrière-pensée, car il est proposé par un producteur « bio » qui vend directement les légumes de son exploitation. Élise leur trouve un je-ne-sais-quoi qui fait qu'elle les place bien au-dessus des autres.

Recherche

1 Souligne les six noms composés du texte, puis écris-les dans le tableau.

nom + nom	adverbe + nom	nom + prép. + nom	proposition
....	....	....	....
....	....	....	....

2 Écris les noms composés au pluriel. Aide-toi de ton livre.

1. un chef-lieu ; des ....
2. une pomme de terre ; des ....
3. un pot-au-feu ; des ....
4. un chou-fleur ; des ....
5. une arrière-pensée ; des ....
6. un je-ne-sais-quoi ; des ....

Exercices

3 Écris les noms composés au pluriel. Aide-toi de ton dictionnaire.

1. un loup-garou ....
2. un porc-épic ....
3. un sourd-muet ....
4. un bonhomme ....
5. une reine-claude ....
6. une garde-robe ....

4 Ajoute les marques du pluriel, quand c'est nécessaire.

1. Les *perce...-neige...* sont des fleurs blanches. 2. On attache les clés à des *porte...-clé...* . 3. On ouvre les bouteilles avec des *tire...-bouchon...* . 4. Plusieurs *porte...-avion...* patrouillent dans la Méditerranée. 3. Les fermières élevaient leurs volailles dans des *basse...-cour...* . 6. Les bateaux de l'expédition polaire sont des *brise...-glace...* .

5 Ajoute les marques du pluriel, quand c'est nécessaire.

1. Les comédies de Molière sont des *chef...-d'œuvre...* . 2. Ces problèmes sont de vrais *casse...-tête...* . 3. Le pâtissier confectionne des *vol...-au...-vent...* avec de la pâte feuilletée remplie de viande. 4. Le massif est planté de grandes fleurs blanches, des *reine...-marguerite...* . 5. Les *chat... -huant...*, ces oiseaux rapaces nocturnes, voient la nuit.

L'imparfait et le passé simple : emploi

Un saut en parachute

(1) Je déverrouillai la porte, sautai dans le vide et tirai la corde du parachute. (2) Après une chute d'environ trente mètres, le parachute fonctionna parfaitement. (3) J'étais en train de tomber la tête la première, lorsque le parachute s'ouvrit et me ramena brusquement dans la position verticale. (4) Quand je m'enfonçai dans le brouillard, je savais que le sol était à moins de 300 mètres et je cherchai ma lampe électrique, mais je m'aperçus qu'elle n'était plus là. (5) Je ne pouvais voir ni le sol ni les étoiles.

Recherche

1 Dans les phrases 1 et 2 du texte, quatre verbes expriment des actions qui se suivent.

- À quel temps sont ces verbes ? ....
- Écris-les à l'infinitif : ....

2 Souligne en noir les verbes de la phrase 3. À quel temps est chacun d'eux ?

1. .... 2. .... 3. ....

- Quel est celui qui exprime une action en train de se dérouler ? ....
- Lesquels marquent l'arrêt brusque de cette action ? ....

Exercices

3 Dans les phrases 4 et 5, souligne en rouge les verbes au passé simple et en bleu les verbes à l'imparfait. Aide-toi de ton livre pour cocher la bonne réponse.

1. Les trois verbes au passé simple expriment :
une suite d'actions brèves ☐ ; quelque chose qui dure ☐
2. Les trois verbes à l'imparfait expriment :
des actions momentanées ☐ ; quelque chose qui dure ☐

4 Conjugue les verbes à l'imparfait ou au passé simple.

1. Tous les soirs, je *(conduire)* .... seul mon bateau au milieu des joncs. Là se *(réunir)* .... les hirondelles prêtes à quitter nos climats. Je ne *(perdre)* .... pas un seul de leurs gazouillis.

2. Ce jour-là, aussitôt levé, Hans *(parcourir)* .... les rues de la ville pour chercher du travail, mais il n'en *(trouver)* .... pas.

5 Conjugue les verbes au temps simple du passé qui convient.

1. Le voilier *(résister)* .... bien à la tempête depuis plusieurs heures quand une vague énorme le *(heurter)* .... par le travers et le *(coucher)* .... d'un seul coup.

2. Comme nous *(attendre)* .... l'autobus, une moto *(s'arrêter)* .... brusquement en face de nous.

Les mots composés

Le repas du rouge-gorge

Un rouge-gorge avait élu domicile dans un tas de fagots abandonné à la corne d'un petit bois, juste derrière la ferme. De cette situation stratégique[1], il surveillait la basse-cour et guettait le moment où la fermière distribuait le grain aux poules. Il lui était alors facile, à ce tout-petit, de participer aux agapes[2] sans se faire remarquer. Il marquait aussi de l'intérêt pour le pacage[3] attenant à la ferme, dans lequel paissait un troupeau de bêtes à cornes. C'est là qu'il prenait souvent son dessert, sous forme de moucherons qui pullulaient autour des animaux.

1. *situation stratégique* : situation favorable, commode pour réaliser son projet.
2. *agapes* : repas copieux. 3. *pacage* : pâturage.

Rappel

1 Recopie les quatre mots composés du texte et indique à quelle classe chacun d'eux appartient.

Mot composé	Classe	Mot composé	Classe
....	....	....	....
....	....	....	....

2 Indique à quelle classe appartient chaque élément composant ces mots.

....

....

....

....

Recherche

3 Classe les noms composés à la bonne place dans le tableau.
une chaise longue – du laisser-aller – un garde-meuble – un timbre-poste.

nom + nom	nom + adjectif	verbe + nom	verbe + verbe
....	....	....	....

Application

4 Trouve un nom composé formé de chacune de ces façons, différent de l'exemple donné dans ton livre :

- mot aux éléments soudés : ....
- deux noms reliés par une préposition : ....
- nom + nom : ....
- adjectif + nom : ....
- nom + adjectif : ....

Exercices

5 Relie les mots pour former des noms composés.

cerf •	• bouchon
chauffe •	• volant
tire •	• parleur
compte •	• plat
haut •	• gouttes

6 Écris des noms composés formés avec le verbe porter. Attention : certains ont leurs éléments soudés.

1. On y met ses billets de banque : ....
2. On y suspend ses vêtements : ....
3. Anneau ou étui pour porter les clés : ....
4. On y met ses pièces de monnaie : ....
5. On y dépose son parapluie : ....
6. Navire sur lequel peuvent se poser des avions : ....

7 Écris des noms composés formés avec ces premiers termes en italique. Tu peux utiliser ton dictionnaire.

1. Élève qui déjeune à midi au restaurant scolaire : un *demi-*...
2. Personne qui fabrique de la fausse monnaie : un *faux-*...
3. Bande de métal disposée au-dessus des roues d'une bicyclette : un *garde-*...
4. Voile du grand mât : la *grand-*...
5. Haut chapeau d'homme cylindrique : un *haut-de-*...

8 De nombreux noms composés exprimant l'idée de moitié sont formés à l'aide de mi, demi, semi. Écris les mots répondant à ces définitions.

1. Chacune des deux moitiés d'un match de football : une ....
2. Ensemble formé par un tracteur routier et sa remorque : un ....
3. Frère par le père ou la mère seulement : un ....

9 Écris chaque nom composé sur la ligne qui indique comment il est formé.

avant-bras – clair-obscur – oiseau-mouche – bas-relief – chef-lieu – arrière-pensée.

1. nom + nom : ....
2. adjectif + nom : ....
3. adjectif + adjectif : ....
4. adverbe + nom : ....

Vocabulaire et écriture

10 Les éléments des mots suivants se sont mélangés. Trouve les mots corrects, puis complète le texte.

pomme d'œuvre – pot au vin – basse au feu – coq de terre – chef cour.

Avec une belle volaille de la .... et des .... du jardin, ce cuisinier prépare un .... qui est un véritable .... Mais il réussit bien également le ....

La boîte ensorcelée

Trois amis, se croyant malades, ont décidé, pour se soigner, d'entreprendre en barque une croisière sur la Tamise. Le voyage est émaillé de nombreuses aventures. Les repas, notamment, posent des problèmes…

Une mélancolie[1] passa sur le canot, du fait qu'il n'y avait pas de moutarde. Nous mangeâmes notre bœuf en silence (ayant, c'est le cas de le dire, un bœuf sur la langue[2]) ; l'existence nous parut vide et sans saveur ; nous nous souvenions des jours heureux de notre enfance, et nous soupirions. Notre humeur s'éclaira un peu devant la tarte aux pommes, et, quand George sortit du fond du panier une boîte d'ananas qu'il fit rouler au milieu du canot, nous sentîmes qu'après tout la vie valait la peine d'être vécue.

Nous sommes tous trois très gourmands d'ananas. Nous admirâmes la belle image collée sur la boîte, mais c'est au jus, frais et sucré, que nous pensions ; nous nous regardions avec le sourire ; Harris préparait déjà sa cuiller. Nous cherchâmes l'ouvre-boîte ; retournâmes tout le panier ; vidâmes les sacs ; on alla jusqu'à soulever le fond du canot. On sortit le tout sur la berge ; on secoua tout ce qui pouvait être secoué. Pas de couteau, pas d'ouvre-boîte !

Harris essaya d'ouvrir avec un canif, cassa le canif et se fit à la main une large entaille. Puis George essaya avec des ciseaux ; les ciseaux dérapèrent et faillirent lui crever l'œil. Pendant qu'ils pansaient leurs blessures, je tentai, moi, de faire un trou avec la pointe de la gaffe ; la gaffe[3] dérapa et je glissai dans deux pieds d'eau boueuse, entre la berge et le canot. Libre, la boîte s'était mise à rouler et avait cassé une tasse.

Nous étions, pour lors, à peu près enragés. Nous emportâmes la boîte sur la rive ; Harris trouva dans un champ une grosse pierre tranchante ; j'avais été chercher le mât. Harris maintint la pierre sur la boîte ; je brandis le mât, très haut, je ramassai mes forces, et pan ! je frappai.

Ce fut le chapeau de paille de George qui, ce jour-là, lui sauva la vie. Il le garde encore, ce chapeau (du moins ce qui en reste). Les soirs d'hiver, quand les pipes sont allumées et que les garçons assemblés racontent, en les exagérant, les dangers auxquels ils ont échappé, George va chercher son chapeau, le fait circuler à la ronde, et, une fois de plus, raconte l'émouvante histoire, brodant chaque fois davantage.

Harris s'en tira avec une blessure superficielle.

Après quoi, je repris moi-même la boîte et la martelai tant et plus, jusqu'à ce que je fusse à bout de forces, le cœur tout chaviré. Puis Harris la reprit en main. Nous l'écrasâmes ; nous en fîmes une galette ; puis un cube ; elle prit, sous les coups de mât, toutes les formes connues de la géométrie. Mais quant à faire le moindre trou dedans, nous ne pûmes y réussir.

Jerome K. Jerome, *Trois Hommes dans un bateau*, Hachette.

1. *mélancolie* : abattement, tristesse.
2. *avoir un bœuf sur la langue* : garder un silence obstiné, après quelque chose qui empêche ou retient de parler.
3. *gaffe* : perche munie d'un croc, à une extrémité.

1 Parmi les deux sens du verbe broder (ligne 35), entoure celui qui correspond au texte.

broder (verbe)

1. Coudre des dessins sur une étoffe pour l'orner.
*Odile **a brodé** des petites fleurs sur le col de son chemisier.*
2. Au sens figuré, embellir un récit en ajoutant des détails inventés.
*Je crois que Quentin **brode** un peu quand il raconte ses exploits.*

Dictionnaire Hachette Junior CE – CM.

2 Dans la barque, il n'y a aucun ouvre-boîte. S'il y en avait eu plusieurs, comment ce nom composé aurait-il été écrit ?

des ....

3 Quelles sont, dans l'ordre, les méthodes utilisées pour ouvrir la boîte d'ananas ? Que penses-tu des outils choisis ?

....

....

....

....

4 Recopie les GN dans le tableau.

Les soirs d'hiver, quand les garçons racontent leurs aventures, ce vieux George va chercher son chapeau et il raconte son émouvante histoire.

GN n'ayant que des constituants obligatoires	GN ayant également des constituants facultatifs
....	....
....	....
....	....

5 Dans ce passage :

- **souligne en bleu les verbes au passé simple et en rouge ceux à l'imparfait.**
- **Récris ce paragraphe en commençant par : Je suis très gourmand d'ananas. J'…**

Nous sommes très gourmands d'ananas. Nous admirâmes la belle image collée sur la boîte, mais c'est au jus, frais et sucré, que nous pensions. Nous cherchâmes l'ouvre-boîte ; retournâmes tout le panier ; vidâmes les sacs. Nous étions, pour lors, à peu près enragés. Nous emportâmes la boîte sur la rive.

....

....

....

....

6 Récris ces lignes en remplaçant on par nous.

On alla jusqu'à soulever le fond du canot. On sortit le tout sur la berge ; on secoua tout ce qui pouvait être secoué. Pas de couteau, pas d'ouvre-boîte !

....

....

Les déterminants du nom

L'île

« J'ai une idée, dit Laurent. Nous allons découvrir une île déserte. Nous y planterons notre drapeau. Nous en ferons un royaume et nous le cultiverons.

– Il vaut mieux jouer aux naufragés », dit Amélie.

Mais Laurent tient à son idée. L'île déserte sera le petit massif du jardin, qui est un peu à l'écart, et qui est triangulaire. Les plantes seront les habitants de l'île.

« Alors, cette île n'est pas déserte, dit Amélie.

– Non : elle est sauvage. Et à partir du moment où nous y serons, elle sera civilisée. »

Rappel

1 **Souligne les déterminants du texte.**

2 **Classe dans le tableau les déterminants que tu as soulignés. Tu peux t'aider de ton livre.**

Articles			Déterminants possessifs	Déterminants démonstratifs
définis	définis contractés	Indéfinis		
....	....	....	....	....
....	....	....	....	....

Recherche

3 **Analyse les déterminants suivants. Aide-toi de ton livre.**

Déterminant	Classe	Genre	Nombre	Fonction
1. une (île)	....	....	....	....
2. les (habitants)	....	....	....	....
3. aux (naufragés)	....	....	....	....
4. son (idée)	....	....	....	....
5. cette (île)	....	....	....	....

Application

4 **Modifie les phrases en fonction des consignes. Regarde l'exemple.**

Phrase	Consigne	Phrase
Nous y planterons notre drapeau.	Laurent est seul.	*J'y planterai mon drapeau.*
1. Laurent tient à son idée.	Laurent et Amélie défendent la même idée.	....
2. Cette île n'est pas déserte.	Il y a plusieurs îles.	....

Exercices

5 **Complète avec des déterminants qui conviennent.**

.... seule différence qui existe entre .... diables et .... brigands, c'est que .... diables sont moins noirs qu'on ne le dit et .... brigands plus crottés qu'on ne le suppose. .... huit vauriens qui se mirent en cercle autour de nous étaient d' .... telle malpropreté que j'aurais voulu leur donner .... argent avec .... pincettes. .... chef de .... petite troupe qui nous avait faits prisonniers ne se distinguait par aucun signe extérieur. Peut-être cependant .... figure, ... mains et .... habits étaient-ils plus riches en poussière que ceux de .... camarades.

6 **Du, de la ou des à la forme affirmative deviennent de à la forme négative. Suivant l'exemple, écris les phrases à la forme négative.**

Forme affirmative	Forme négative
Je mange du raisin.	*Je ne mange pas de raisin.*
1. Je veux des pommes.	....
2. Prenez de la tarte.	....
3. Vous avez acheté du pain.	....

7 **Ajoute un adjectif qualificatif devant le nom et modifie l'article. Regarde l'exemple.**

Nous ramassons des pommes.	*Nous ramassons de belles pommes.*
1. Nous avons acheté des pigeons.	....
2. Cet homme a des soucis.	....
3. Il y a des nuages dans le ciel.	....

8 **Place devant chaque nom le déterminant démonstratif qui convient : ce, cet ou cette.**

.... haricot	.... hameçon	.... handicap	.... hangar	.... hibou
.... hérisson	.... hutte	.... ouvrage	.... athlète	.... odeur
.... halte	.... hareng	.... hauteur	.... hélicoptère	.... hiver

Grammaire et écriture

9 **Écris le début d'un conte ou d'un poème en employant des déterminants indéfinis pour présenter les personnages et ensuite des déterminants définis. Regarde l'exemple.**

Il était une fois **un** lion qui avait attrapé **un** rat. Il s'apprêtait à le manger, lorsqu'il entendit **le** rat le supplier :

– S'il te plaît, ne me mange pas…

....

....

....

....

L'accord du nom sans déterminant

Un premier contact réussi

Une couvée de canetons de race pure devait éclore le samedi de la Pentecôte. Je pris les petits sous ma garde aussitôt sortis de l'œuf et imitai le cri du canard colvert. Les petits canards me regardèrent avec confiance, je ne leur faisais pas peur, et quand je m'éloignai lentement d'eux, toujours cancanant, ils se mirent docilement à me suivre en petite troupe serrée comme des canetons qui marchent derrière leur mère.

Recherche

1 Le premier GN souligné dans le texte se décompose en deux GN :
1. *une couvée de canetons* ; 2. *(des canetons) de race pure.*

- Dans chacun de ces GN, entoure le nom principal et souligne le nom complément.
- Le nom complément a-t-il un déterminant ? ....
- Réponds aux questions. Tu peux t'aider de ton livre.

1. Pourquoi *canetons* est-il au pluriel ? ....
2. Pourquoi *race* est-il au singulier ? ....

2 Avec l'aide de ton livre, explique pourquoi ces mots sont au singulier.

- confiance : ....
- troupe : ....

Exercices

3 Complète les phrases avec les noms et adjectifs compléments accordés comme il faut.

1. *parfum agréable*	Le vent m'apporte des bouquets de ....
2. *chèvre – feuille*	Il choisit un fromage de .... enveloppé de ....
3. *moucheron*	On voyait une nuée de .... au-dessus de l'eau.
4. *coup – marteau*	Il cassa la cloison à .... de ....
5. *grand pas*	Elle marchait à ....

4 Ajoute les marques du pluriel, quand c'est nécessaire.

Nous partions, le cœur plein de *joie*....., les yeux pleins d'*image*..... de Noël. Des aiguilles de *glace*..... pendaient aux branches. Une couche de *gelée*..... *blanche*..... recouvrait des tas de *feuille*..... . Le soleil projetait sur tout cela une profusion de *couleur*..... *chaude*..... . La neige fondait où l'on avait jeté des pelletées de *sel*..... .

5 Accorde les noms entre parenthèses, quand c'est nécessaire.

Un groupe d'*(homme)* .... transis de *(froid)* .... remplissait des paniers de *(poisson)* .... : des raies toutes hérissées d'*(épine)* ...., des paniers pleins de *(crabe)* ....

 Livre p. 127

Le futur : conjugaison, emploi

Il y a de cela bien longtemps.

– [Votre brave mule] est-ce que vous ne me la laisserez pas voir ?
– Si, mon enfant, tu la verras, fit le bon pape tout ému… Et puisque tu l'aimes tant, […] je t'attache à ma personne en qualité de premier moutardier… Mes cardinaux crieront, mais tant pis ! j'y suis habitué… Tu viendras nous trouver demain, à la sortie des vêpres, nous te remettrons les insignes de ton grade en présence de notre chapitre, et puis… je te mènerai voir la mule, et tu viendras à la vigne avec nous deux… hé ! hé ! Allons va… »

Alphonse DAUDET, « La mule du pape », *Lettres de mon moulin.*

Recherche

1 **Entoure tous les verbes du texte conjugués au futur.**

2 **Décompose (nous) remettrons en radical + terminaison :** ……………………

Pourquoi y a-t-il un « e » dans (mes cardinaux) crieront ? ……………………

……………………

3 **Coche ce qu'expriment ces verbes soulignés dans le texte. Aide-toi de ton livre.**

1. *vous laisserez* : action à venir ☐ ; ordre adouci ☐
2. *tu verras* : action à venir ☐ ; ordre adouci ☐
3. *tu viendras* : action à venir ☐ ; ordre adouci ☐
4. *nous remettrons* : action à venir ☐ ; ordre adouci ☐

Exercices

4 **Conjugue les verbes au futur, aux personnes indiquées. Tu peux t'aider de ton livre.**

crier			voir			être		
Personne	Radical	Termin.	Personne	Radical	Termin.	Personne	Radical	Termin.
je	…………	…………	je	…………	…………	je	…………	…………
tu	…………	…………	tu	…………	…………	tu	…………	…………
nous	…………	…………	nous	…………	…………	nous	…………	…………

5 **Conjugue les verbes au futur.**

1. Nous *(secouer)* ……………… les tapis. 2. Les sauveteurs *(secourir)* ……………… les naufragés. 3. Au cirque, nous *(voir)* ……………… un numéro de clowns. 4. Tu *(envoyer)* ……………… une carte à ta sœur. 5. Nous *(relire)* ……………… notre livre, ensuite nous le *(relier)* ……………… .

6 **Écris ce passage au futur.**

Maman vient. Elle prend la main de Lélio assoupi et elle chante à mi-voix une vieille chanson. Il retient son souffle. Il a envie de rire.

……………………

Les synonymes

Au début du Moyen Âge

Pendant les premiers siècles du Moyen Âge, le paysage de l'Europe est fait d'un ensemble de bois et de lacs, de forêts et d'étangs, de pâturages ou de prairies. Ce panorama regorge de gibier, de fruits sauvages et d'eaux poissonneuses. Avec la pêche et la chasse, l'élevage représente l'une des richesses principales. Presque tous les habitants des campagnes se transforment en effet en éleveurs saisonniers et parcourent les vastes herbages qui s'étendent un peu partout.

Rappel

1 Trouve un synonyme de chacun de ces mots du texte.

Mots	paysage	bois	lac	pâturage
Synonymes	....	....	....	....

2 Cherche un synonyme de chacun de ces mots avec le sens qu'il a dans le texte. Tu peux utiliser ton dictionnaire.

Mots	richesse	regorger	sauvage	principal
Synonymes	....	....	....	....

Recherche

3 Trouve un synonyme pour chacun de ces emplois du mot sauvage.

1. Au Moyen Âge, il y avait beaucoup de bêtes *sauvages* ....
2. Les chevaliers se livraient des combats *sauvages* ....
3. Cet homme est un vrai *sauvage* ....

4 Recopie le texte ci-dessous en remplaçant chaque mot en italique par un des synonymes suivants. Fais les accords nécessaires.

caverne – simple – troupeau – animal – chien – berger – prairie.

Des *troupes* de *bêtes* à demi sauvages parcouraient les *herbages*. Des *gardiens* accompagnés de *molosses* les suivaient. Ils s'abritaient dans des *grottes* ou construisaient des cabanes *rudimentaires*.

....

....

....

Application

5 Trouve un synonyme du mot riche pour chacun de ces emplois et utilise-le dans une courte phrase.

Un sol riche → fertile → Le sol de la Beauce est fertile.

1. Un homme riche → ....
2. Les pâtes sont un aliment riche → ....

....

Exercices

6 Barre l'intrus dans chaque ligne.

1. vaste – grand – étendu – immense – réduit.
2. vaniteux – modeste – orgueilleux – prétentieux – fier.
3. travailleur – indolent – fainéant – paresseux – nonchalant.

7 Écris l'un des synonymes suivants en face de chaque emploi du verbe présenter.

animer – s'inscrire – se faire connaître de – arranger – montrer.

1. *Se présenter* à quelqu'un : ....
2. *Présenter* une émission : ....
3. *Se présenter* à un concours : ....
4. *Présenter* son billet au contrôleur : ....
5. Bien *présenter* des marchandises sur un étalage : ....

8 Écris un synonyme de chaque mot en italique.

1. La *récolte* .... des champignons est abondante en octobre.
2. Il faut toujours s'efforcer de mener son *travail* .... à bien.
3. Il a *lancé* .... au feu son vieux journal.
4. Au plus fort de la tempête, le bateau a *coulé* ....

Vocabulaire et écriture

9 Dans le texte ci-dessous, chaque chose est nommée deux fois :

- **une fois pour ce qu'elle est (une ancienne ferme en ruines) ;**
- **une autre fois par un synonyme qui indique ce qu'on voudrait qu'elle soit (une villa).**

1. Comment sont aussi nommés :

- le jardin ? .... • la bonne ? ....

La maison s'appelait La Bastide Neuve, mais elle était neuve depuis bien longtemps. C'était une ancienne ferme en ruines, restaurée trente ans plus tôt par un monsieur de la ville… Mais la maison avait l'air d'une villa. Le « jardin » n'était rien d'autre qu'un très vieux verger abandonné, et clôturé par un grillage de poulailler, dont la rouille du temps avait rongé la meilleure part. Mais l'appellation de « jardin » confirmait celle de villa. De plus, mon oncle avait décoré du titre de « bonne » une paysanne à l'air égaré, qui venait l'après-midi faire la lessive, ce qui lui donnait l'occasion de se laver les mains.

Marcel PAGNOL, *La Gloire de mon père*, Bernard DE FALLOIS. www.marcel pagnol.com.

2. Emploie le même procédé pour décrire un lieu ou une scène à ton choix.

....

....

....

....

....

Ah ! l'amitié !

« Une lettre, père Azan ?

– Oui, monsieur… ça vient de Paris. »

Il était tout fier que ça vînt de Paris, ce brave père Azan… Pas moi. Quelque chose me disait que cette Parisienne de la rue Jean-Jacques, tombant sur ma table à l'improviste et de si grand matin, allait me faire perdre toute ma journée. Je ne me trompais pas, voyez plutôt :

Il faut que tu me rendes un service, mon ami. Tu vas fermer ton moulin pour un jour et t'en aller tout de suite à Eyguières… Eyguières est un gros bourg à trois ou quatre lieues[1] de chez toi – une promenade. En arrivant, tu demanderas le couvent des Orphelines. La première maison après le couvent est une maison basse à volets gris avec un jardinet derrière. Tu entreras sans frapper – la porte est toujours ouverte –, et, en entrant, tu crieras bien fort : « Bonjour, braves gens ! Je suis l'ami de Maurice… » Alors, tu verras deux petits vieux, oh ! mais vieux, vieux, archivieux, te tendre les bras du fond de leurs grands fauteuils, et tu les embrasseras de ma part, avec tout ton cœur, comme s'ils étaient à toi. Puis vous causerez ; ils te parleront de moi, rien que de moi ; ils te raconteront mille folies que tu écouteras sans rire… Tu ne riras pas, hein ?… Ce sont mes grands-parents, deux êtres dont je suis toute la vie et qui ne m'ont pas vu depuis dix ans… Dix ans, c'est long ! Mais que veux-tu ! moi, Paris me tient ; eux, c'est le grand âge… Ils sont si vieux, s'ils venaient me voir, ils se casseraient en route… Heureusement, tu es là-bas, mon cher meunier, et, en t'embrassant, les pauvres gens croiront m'embrasser un peu moi-même… Je leur ai si souvent parlé de nous et de cette bonne amitié dont…

Le diable soit de l'amitié ! Justement ce matin-là il faisait un temps admirable, mais qui ne valait rien pour courir les routes : trop de mistral et trop de soleil, une vraie journée de Provence. Quand cette maudite lettre arriva, j'avais déjà choisi mon cagnard (abri) entre deux roches, et je rêvais de rester là tout le jour, comme un lézard, à boire de la lumière, en écoutant chanter les pins… Enfin, que voulez-vous faire ? Je fermai le moulin en maugréant, je mis la clef sous la chatière. Mon bâton, ma pipe, et me voilà parti.

J'arrivai à Eyguières vers deux heures. Le village était désert, tout le monde aux champs. Dans les ormes du cours, blancs de poussière, les cigales chantaient comme en pleine Crau. Il y avait bien sur la place de la mairie un âne qui prenait le soleil, un vol de pigeons sur la fontaine de l'église, mais personne pour m'indiquer l'orphelinat. Par bonheur une vieille fée m'apparut tout à coup, accroupie et filant dans l'encoignure de sa porte ; je lui dis ce que je cherchais ; et comme cette fée était très puissante, elle n'eut qu'à lever sa quenouille : aussitôt le couvent des Orphelines se dressa devant moi comme par magie… C'était une grande maison maussade et noire, toute fière de montrer au-dessus de son portail en ogive une vieille croix de grès rouge avec un peu de latin autour. À côté de cette maison, j'en aperçus une autre plus petite. Des volets gris, le jardin derrière… Je la reconnus tout de suite, et j'entrai sans frapper.

Alphonse Daudet, « Les vieux », *Lettres de mon moulin.*

1. *lieue* : ancienne mesure de distance qui valait environ 4 kilomètres.

1 Ce texte a été écrit il y a environ 150 ans, à une époque où l'on ne pouvait correspondre que par lettre. Qui est le père Azan ?

....

2 Que désigne « cette Parisienne de la rue Jean-Jacques » (ligne 4) ?

....

3 « Quand cette maudite lettre arriva » : Qu'avait prévu de faire celui qui l'a reçue ?

....

....

4 Comment comprends-tu que celle qui a écrit la lettre ne se déplace pas lui-même quand il dit : « Mais que veux-tu ! moi, Paris me tient » (ligne 20) ?

....

....

5 « quatre lieues » (ligne 9) font combien de kilomètres ? De quel moyen de locomotion dispose le meunier pour se rendre de son moulin à Eyguières ?

....

....

6 À quel sentiment fait appel l'auteur de la lettre pour obtenir ce qu'il demande ?

....

7 Lorsque le meunier dit « Le diable soit de l'amitié ! » (ligne 25), pense-t-il vraiment ce qu'il dit ? Justifie ta réponse.

....

....

....

8 Dans ce texte, tout un passage est au futur. Qu'exprime ici le futur ?

....

9 Dans ce passage, relève tous les verbes conjugués au futur, accompagnés de leur sujet.

....

....

....

10 À quelle personne est conjugué chacun de ces verbes ?

Verbe	Personne	Verbe	Personne
tu demanderas	....	vous causerez	....
tu les embrasseras	....	ils te parleront	....

Livre p. 36

Une expansion du nom : l'adjectif qualificatif épithète

Au supermarché

Sur un immense parking plein de voitures, une musique tonitruante attire la jeune fille. Des banderoles multicolores flottent au sommet de hauts poteaux. « Dixième anniversaire des magasins *Dinosaure*, clame une voix puissante. Soldes gigantesques. Grande tombola. Des prix époustouflants. Avancez, approchez, mesdames et messieurs ! »
Aurélie suit le mouvement de la foule qui se dirige vers la vaste entrée. Imitant les gestes vifs de ceux qui la précèdent, elle prend un chariot métallique et le pousse dans les larges allées.

Rappel

1 **Souligne les adjectifs qualificatifs épithètes du texte.**

2 **Relève dans le texte :**
- un GN dans lequel l'adjectif qualificatif est placé après le nom : ....
- un GN dans lequel l'adjectif qualificatif est placé avant le nom : ....

Recherche

3 **Écris dans le tableau les GN du texte contenant des adjectifs qualificatifs épithètes.**

GN masculins		GN féminins	
singuliers	pluriels	singuliers	pluriels
....	....	....	....
....	....	....	....
....	....	....	....
....	....	....	....
....	....	....	....

4 **Analyse ces adjectifs qualificatifs épithètes du texte. Reporte-toi à ton livre.**

Mot	Classe	Genre	Nombre	Fonction
1. immense	....	....	....	....
2. tonitruante	....	....	....	....
3. multicolores	....	....	....	....

Application

5 **Analyse ces adjectifs qualificatifs du texte.**

1. puissante : ....
2. époustouflants : ....

Exercices

6 **Souligne les adjectifs qualificatifs épithètes.**

Je vis un chien à poils longs. C'était un chien hirsute, le museau barbouillé et moustachu. Au milieu des poils, deux yeux noirs, vifs, et surtout un regard interrogateur.

7 **Écris dans le tableau les constituants des GN ayant pour expansion un adjectif qualificatif épithète.**

Le museau sur ses pattes noires, le chien se reposait. Quelquefois, il dressait une oreille velue qu'agitait une mystérieuse inquiétude.

GN ayant pour expansion un adjectif épithète		
Déterminant	Nom	Adjectif épithète
....	....	....
....	....	....
....	....	....

8 **Écris chaque GN en remplaçant le complément du nom par un adjectif qualificatif épithète de même sens.**

1. Le restaurant de l'école → ....
2. Une représentation de théâtre → ....
3. Un accident de chemin de fer → ....
4. La population du monde → ....
5. Le week-end de Pâques → ....

9 **Complète avec des adjectifs qualificatifs épithètes.**

M. de Chabriand était un homme .... et .... ; il avait le nez ...., les lèvres .... et ...., les yeux ...., ... et .... comme ceux des lions.

Grammaire et écriture

10 **Souligne les adjectifs qualificatifs de ce portrait, puis, suivant ce modèle, écris, en quelques lignes, le portrait de quelqu'un que tu connais bien.**

C'était une fraîche figure blanche, rose et ronde ; elle avait un petit nez, un peu large, une petite bouche, un peu grosse, un petit menton grassouillet, de fins sourcils, des yeux clairs et une profusion de cheveux blonds qui, tressés en nattes, s'enroulaient en couronnes autour de sa tête, découvrant la nuque ronde et le front lisse et blanc.

....

....

....

....

ORTHOGRAPHE 8

Livre p. 72

L'accord de l'adjectif qualificatif épithète

Une voyageuse énigmatique

Le Sélect est un petit hôtel situé sur la Lord Nelson Street, dans un quartier central. Sa façade et sa porte défraîchies, son enseigne et son éclairage pâlots ne sont guère engageants. Une voyageuse entre malgré tout dans le hall minuscule avec son chien qui, sur ses ordres, s'avance vers le vieux réceptionniste à moitié endormi et pose ses pattes antérieures sur le bureau. Le vieux éclate d'un gros rire.

– Tu veux une chambre, Médor ? lui demande-t-il. Où sont tes bagages ?

Pendant que le chien amuse ainsi les gens de l'hôtel, la mystérieuse voyageuse emprunte discrètement l'escalier étroit qui mène aux étages.

Recherche

1 **Entoure chaque adjectif épithète du texte et souligne le ou les noms dont il est l'expansion.**

2 **Quelles sont les règles appliquées pour écrire ces adjectifs se rapportant à plusieurs noms ? Relis ces règles dans ton livre.**

1. défraîchies : ....

2. pâlots : ....

Exercices

3 **Accorde les adjectifs.**

1. *féodal* des châteaux ....
2. *doux* des airs ....
3. *sec* des feuilles ....
4. *craintif* une chienne et une chatte ....
5. *mûr* une pomme et un raisin ....

4 **Écris les GN au pluriel. Tu peux t'aider de ton livre.**

1. Un beau spectacle → ....
2. Un promeneur matinal → ....
3. Un froid glacial → ....

5 **Invente, pour chaque consigne, un GN qui convient.**

Le GN contient un adjectif expansion :

1. d'un seul nom singulier → ....
2. d'un seul nom pluriel → ....
3. de deux noms féminins singuliers → ....
4. de deux noms masculins singuliers → ....
5. d'un nom féminin et d'un nom masculin → ....

Le passé composé : conjugaison

Kofi ira à l'école

Kofi est né dans un petit village au nord du Bénin. Sa vie a basculé à l'âge de sept ans, lorsque l'instituteur est entré dans son village et a dit à ses parents qu'il souhaitait l'inscrire à l'école. Avant de prendre leur décision, les parents ont consulté le crocodile, animal sacré de la tribu. Kofi et son père ont appelé l'animal et lui ont présenté un poulet. Le crocodile s'en est emparé à pleines dents : c'était un signe. Alors, le père a autorisé Kofi à aller à l'école.

Recherche

1 **Souligne les verbes du texte conjugués au passé composé.**

2 **Écris ces verbes, à l'infinitif, dans le tableau.**

Verbes conjugués avec l'auxiliaire *avoir*	Verbes conjugués avec l'auxiliaire *être*
....	....
....	....
....	....

3 **Observe la phrase soulignée du texte. Quel mot t'indique que Kofi est un garçon ?**

.... Si c'était une fille, comment s'écrirait ce mot ? ....

Exercices

4 **Conjugue les verbes au passé composé, aux personnes indiquées. Tu peux t'aider de ton livre.**

courir		tomber	
j' .... tu	nous .... ils	tu .... elle	nous .... ils ....

5 **Conjugue les verbes au passé composé.**

1. Tu *(observer)* .... le ciel. **2.** La lumière *(vaciller)* .... **3.** Tu *(être)* .... autorisé à partir. **4.** Le cuisinier *(farcir)* .... une oie. **5.** Les cigognes *(arriver)* .... la semaine dernière. **6.** Vous *(ramasser)* .... les champignons. **7.** Vous (féminin) *(venir)* .... directement ici.

6 **Conjugue au passé composé les verbes qui sont au passé simple.**

1. Nous *(dansâmes)* .... toute la nuit. **2.** Ils *(pénétrèrent)* .... dans l'immeuble. **3.** Nous (deux filles) *(parvînmes)* .... à traverser le ruisseau. **4.** Nous *(fûmes)* .... félicités. **5.** Vous (deux garçons) *(partîtes)* .... trop tôt.

Les contraires

Une maison rustique

Notre maison disparaissait dans les pommiers. Une haie masquait entièrement le mur du fond ; à l'époque de la floraison, des fleurs blanches, des épines traînaient sur la toiture et s'y mariaient au rouge des tuiles. Le lilas qui se trouvait sur le côté formait un panache magnifique sur le mur de briques nu. Le socle était badigeonné de goudron et l'on voyait aussi, à la hauteur du grenier, le panneau d'une compagnie d'assurances, une déesse dorée sur fond noir.

Rappel

1 En t'aidant de ton dictionnaire, écris le contraire de ces mots (avec leur sens dans le texte).

disparaître	le fond	blanc	se marier	magnifique	nu
....	....	....	....	....	....

Recherche

2 Parmi les mots de l'exercice 1, lequel appartient à la même famille que son contraire ?

....

Qu'est-ce qui différencie ces deux mots ? ....

3 Pour chaque mot, écris deux contraires. Regarde l'exemple.

Mot	Contraire de même radical	Contraire de radical différent
unir	*désunir*	*brouiller*
1. heureux	....	....
2. connu	....	....
3. sympathique	....	....
4. productif	....	....
5. bienveillant	....	....

Application

4 Pour chaque mot, écris le contraire de trois façons. Regarde l'exemple.

Mot	Contraire à l'aide d'une proposition	Contraire de même radical	Contraire de radical différent
honnête	*qui n'est pas honnête*	*malhonnête*	*voleur*
1. propre	....	....	....
2. content	....	....	....
3. visible	....	....	....
4. patient	....	....	....
5. légal	....	....	....

Exercices

5 **Relie les contraires.**

refuser •	• repousser	augmenter •	• aval
nécessaire •	• majeur	opaque •	• diminuer
attirer •	• superflu	amont •	• majuscule
mineur •	• accepter	minuscule •	• transparent

6 **À l'aide d'un préfixe, écris le contraire de chaque mot. Emploie le nouveau mot dans une courte phrase.**

1. dérapant → ....
2. brancher → ....
3. commander → ....
4. adroit → ....

7 **Remplace le préfixe de chaque mot par un préfixe de sens contraire. Emploie le nouveau mot dans une courte phrase.**

1. inclure → ....
2. bonheur → ....
3. accrocher → ....
4. exporter → ....

8 **À l'aide de ton dictionnaire, écris le contraire de chaque mot. Ces contraires ont des radicaux différents.**

Mot	Contraire	Mot	Contraire
l'avarice	....	affaiblir	....
la franchise	....	ralentir	....
le courage	....	remplir	....
la dureté	....	commander	....

9 **Écris le contraire des mots en italique.**

1. du pain *dur* → ....
2. une oreille *dure* → ....
3. un homme *dur* → ....
4. avoir le cœur *dur* → ....
5. une valise *légère* → ....
6. un repas *léger* → ....
7. une blessure *légère* → ....
8. un caractère *léger* → ....

Vocabulaire et écriture

10 **Dire le contraire de ce qu'exprime un texte est plus complexe que dire le contraire d'une simple phrase. Écris le contraire du texte suivant.**

Les papiers de ce petit Chinois sont en règle, rien n'y manque. Ils correspondent à un permis de séjour régulier, qui a été enregistré à la préfecture de police, avec domicile et téléphone.

....

....

....

LES MOTS DANS LE TEXTE 8

Hô ne veut plus être esclave

Les enfants étaient quinze, assis l'un près de l'autre, sur des tabourets identiques, ronds et en bois sombre, devant quinze bancs identiques. La pièce, étroite et obscure, était éclairée par un néon, à l'aveuglante blancheur, qui s'étirait le long du mur. L'odeur de cuir stagnait, puissante, presque insupportable, parce qu'il n'y avait qu'une seule fenêtre, toujours ouverte, été comme hiver. Mais petite comme une fenêtre de cave. Rien d'étrange, là-dedans, puisque la longue pièce était justement une cave.

Dans la cave, les quinze enfants, assis derrière leurs bancs, cousaient des sacs en cuir, identiques eux aussi. Même les enfants semblaient identiques. Tous entre huit et dix ans, tous chinois, tous en débardeur à rayures blanches et bleues, short et sandales de caoutchouc malgré la saison. Tous silencieux. Ils travaillaient, voilà tout, les yeux baissés sur les peaux à percer, coudre, poinçonner et remborder[1]. Les paupières mi-closes sur leurs yeux en amande, parce qu'on y voyait mal sous cette froide lumière blanche. Les doigts endoloris, parce que c'étaient de petits doigts d'enfants, trop fluets pour ces grosses aiguilles de maroquinerie, et parce qu'ils devaient coudre sans répit. Toute la journée. Ne s'arrêtant, de temps à autre, que pour manger un peu, dormir un peu. […]

Hô était le dixième enfant. Celui placé juste sous la fenêtre. Il avait huit ans et travaillait vite, pour ne pas se faire repérer. Il était décharné, parce qu'il mangeait très peu. Non qu'il n'ait pas d'appétit, au contraire, la faim lui rongeait le ventre, comme les autres enfants. Il mangeait peu parce qu'il avait un « plan »… […]

L'occasion se produit enfin. Un jour, les deux adultes qui surveillent font une fausse manœuvre avec une arme dont ils font aussi le trafic et laissent partir une rafale. Les enfants s'éparpillent en tous sens, terrifiés.

Tous, sauf Hô. Pour lui, c'était enfin l'occasion idéale. D'un bond, il se jucha sur son petit banc et, d'un autre, il s'agrippa aux barreaux de la fenêtre. Grâce à sa maigreur, il put se glisser entre deux d'entre eux et s'esquiver dans la rue qui, là-haut, longeait la cave. Une fois dehors, il ne perdit qu'une seconde à remettre sa sandale, tombée à l'extérieur pendant ses contorsions. Puis il vit la moto qui s'arrêtait sous les arcades et piqua un sprint. Quand il vivait en Chine, Hô allait à l'école, une école spéciale, celle du cirque de Shanghai. Avant de partir pour l'Italie, comme immigrant clandestin, Hô y apprenait à faire des sauts périlleux, des cabrioles volantes et des acrobaties de toutes sortes. Comme celle qui lui avait permis d'abord de se projeter hors de la cave et grâce à laquelle, maintenant, il se retrouvait debout, sur la selle de la moto. Le propriétaire, un homme coiffé d'une casquette à carreaux, n'avait même pas eu le temps d'éteindre le moteur. Hô empoigna le guidon, mit les gaz, fit tomber en arrière l'homme à la casquette et fila comme une flèche sous les arcades.

Carlo LUCARELLI, *Fièvre jaune*, trad. Anne-Céline Bernard, Hachette Jeunesse.

1. *remborder* : vocabulaire de la sellerie-maroquinerie.
En parlant d'une pièce, plier et coller ses bords pour en assembler les différents éléments.

1 Recopie dans ton dictionnaire le sens des mots soulignés dans le texte.

1. stagner : ....
2. poinçonner : ....
3. maroquinerie : ....
4. contorsion : ....

2 Relève quelques détails montrant que les enfants sont traités comme des esclaves.

....

....

....

....

3 En quoi la formation de Hô en Chine lui permet-elle de s'évader ?

....

....

....

4 Recopie les mots en italique et écris le contraire de chacun d'eux.

Hô travaillait *vite*. Il était *décharné* parce qu'il mangeait *très peu*. Il *s'agrippa* aux barreaux de la fenêtre. Grâce à sa *maigreur*, il put se glisser entre deux d'entre eux.

1. .... 2. .... 3. ....

4. .... 5. ....

5 Souligne les adjectifs qualificatifs épithètes contenus dans le premier paragraphe (lignes 1 à 8).

Trouves-tu qu'ils sont nombreux ? ....

6 La présence d'un grand nombre d'adjectifs peut s'expliquer par le type du texte dans lequel ils se trouvent. Coche la bonne réponse.

Ce paragraphe est : un portrait ☐ une description ☐ un récit ☐ une recette ☐

7 Entoure le nom avec lequel s'accorde chaque adjectif en italique dans les lignes ci-dessous.

Les paupières *mi-closes* sur leurs yeux en amande, parce qu'on y voyait mal sous cette *froide* lumière *blanche*. Les doigts *endoloris*, parce que c'étaient de *petits* doigts d'enfants, trop *fluets* pour ces *grosses* aiguilles de maroquinerie.

8 Souligne les verbes. Recopie le texte en conjuguant au passé composé les verbes qui sont au passé simple.

D'un bond, il se jucha sur son petit banc et, d'un autre, il s'agrippa aux barreaux de la fenêtre. Grâce à sa maigreur, il put se glisser entre deux d'entre eux et s'esquiver dans la rue qui, là-haut, longeait la cave. Une fois dehors, il ne perdit qu'une seconde à remettre sa sandale.

....

....

....

....

Une expansion du nom : le complément du nom (c.d.n.)

Des costumes de théâtre

Les répétitions de la pièce commencèrent. Les costumes des personnages ne posaient pas de problèmes. Les Gaulois avaient des moustaches en filasse, en coton, en laine et des bonnets surmontés d'ailes de carton qu'Émilie confectionna en série dans des calendriers des Postes.
Pour les casques des Romains, des ustensiles variés furent utilisés : des marmites fendues, des casseroles sans queue, ou même des boîtes de conserve de haricots que Quentin subtilisa dans l'épicerie de ses parents.

Rappel

1 Écris dans le tableau les deux GN soulignés du texte.

Constituants obligatoires		Constituants facultatifs
Déterminant	Nom	Adjectif
....	....	....
		Complément du nom
....	....	....

Recherche

2 Dans ces deux suites de GN :
- souligne les compléments du nom ;
- pour chaque complément du nom, entoure le nom qu'il complète.

1. des moustaches en filasse, en coton, en laine ;
2. des boîtes de conserve de haricots.

Que remarques-tu ?

....

....

Application

3 Décompose les deux GN de l'exercice 2 en GN différents.
(Pour chacun : nom complété + complément du nom.)

des moustaches en filasse, en coton, en laine	des boîtes de conserve de haricots
1.	1. ....
2.	2. ....
3.	

Exercices

4 **Cherche, dans le texte du haut de la page 70, les sept GN avec expansion qui n'ont pas été étudiés. Écris-les dans ce tableau.**

Déterminant	Nom	Expansion du nom	Classe de l'expansion
....	....	....	....
....	....	....	....
....	....	....	....
....	....	....	....
....	....	....	....
....	....	....	....
....	....	....	....

5 **Remplace chaque adjectif épithète par un complément du nom de même sens.**

1. Un liquide inodore → ....
2. Un col pyrénéen → ....
3. La visite médicale → ....

6 **Transforme chaque phrase en GN avec complément du nom. Regarde l'exemple.**

La circulation est interdite → *Interdiction de la circulation.*

1. Une nouvelle école a été ouverte. → ....
2. Le nombre d'élèves augmente. → ....
3. L'avion pour Marseille décolle. → ....

Grammaire et écriture

7 **De même que l'adjectif, le complément du nom s'emploie beaucoup dans la description ou le portrait. En voici un exemple :**

Une clameur géante emplissait l'espace. On y distinguait *des milliers* **de** *voix* : *sifflements aigus* **du** *vent* dans les cordages, *fracas épouvantable* **des** *lames* s'écrasant sur le pont, *longs gémissements* **des** *rafales vertigineuses, clapotements sourds* **des** *vagues à l'arrière*. La « Marie » fuyait dans *un déchaînement* **de** *bruits*.

En utilisant le même procédé, décris une scène de ton choix.

....

....

....

....

....

....

L'accord des adjectifs qualificatifs de couleur

Papillons des bois

Dans le bois, des campanules[1] violettes, des aigremoines[1] jaunes ont poussé, ainsi que des chanvres[1] rouges au parfum d'amande amère. Des papillons citron y tournoient, verts comme un citron vert. Les sylvains[2] roux se lèvent en nuage devant mes pas et leurs lunules[3] brunes semblent m'épier. Le radieux paon-de-jour[2], aux teintes rougeâtres, frappé d'yeux bleu de nuit, clouté de points turquoise, attend la main qui l'emprisonne.

1. *campanules, aigremoines, chanvres* : variétés de plantes.
2. *sylvains, paon-de-jour* : variétés de papillons.
3. *lunules* : taches de couleur brune en forme de croissant de lune qui sont sur les ailes des papillons.

Recherche

1 **Souligne tous les adjectifs du texte désignant une couleur.**

2 **Parmi ceux-ci, entoure les trois adjectifs qui ne suivent pas la règle générale d'accord des adjectifs qualificatifs.**

3 **Écris dans le tableau tous les adjectifs soulignés. Tu peux t'aider de ton livre.**

Adjectifs de couleur qui s'accordent		Adjectifs de couleur qui ne s'accordent pas	
Mot simple	Mot avec un suffixe	Nom de chose désignant une couleur	Mot composé
....	....	....	....
....	....	....	....
....	....	....	....
....	....	....	....
....	....	....	....

Exercices

4 **Complète avec les adjectifs de couleur accordés selon les règles.**

1. *blanc* Il y avait des fleurs ....
2. *bleu* et des fleurs ....
3. *blanc-bleu* et aussi des fleurs ....
4. *jaune* On voyait encore des fleurs ....
5. *orangé* et d'autres ....

5 **Accorde les adjectifs de couleur, si nécessaire.**

Dans ce petit jardin, on voit des dahlias *pourpre*...... et des fleurs *orangé*...... . Au milieu, se dressent des dahlias *blanc*...... et un petit grenadier à fleurs *orangé*......*-rouge*...... et à fruits *vert*......*-jaune*...... . Il y a aussi des roseaux *vert*......*-bleu*...... et des figuiers *émeraude*...... . Autour, des maisons *blanche*...... à fenêtres *verte*...... et à toits *rouge*...... .

Le passé simple et le passé composé : emploi

Un extrait d'interview

Vous risquez d'être condamné pour avoir lu cette lettre à l'antenne. Vous regrettez de l'avoir fait ?

Pas du tout. Je n'ai pas cité les noms des personnes incriminées : ce sont les journaux qui, ensuite, les ont ajoutés. Et, je le répète, je n'ai pas payé pour avoir cette lettre.

Télé Câble Satellite du 24 au 30 janvier 2004.

Un extrait de roman

L'homme pénétra dans le studio d'enregistrement. Après une courte hésitation, Fiona y pénétra à son tour. Son caniche leva les narines comme s'il flairait un danger. Soudain, Fiona entendit des accords de guitare provenant de la pièce du fond. Elle se faufila jusqu'à la porte et écouta.

Recherche

1 **Souligne en rouge les verbes au passé composé et en bleu les verbes au passé simple.**

2 **Quel temps est employé dans l'article de journal ?** ....

Quel temps est employé dans l'extrait de roman ? ....

Exercices

3 **Écris les verbes au passé (certains au passé simple, d'autres au passé composé).**

À quatre heures, tout le monde *(sortir)* .... et les enfants *(entourer)* .... la maîtresse.

« Est-ce que vous *(lire)* .... nos textes, madame ?

– Non, je *(n'avoir pas)* .... encore .... le temps. »

Personne ne *(protester)* ....

4 **Écris ce récit au passé. Quel temps vas-tu employer ?**

Alice revient près de la table en espérant y trouver une autre clé. Elle y voit un petit flacon. Elle se hasarde à en goûter le contenu et l'avale jusqu'à la dernière goutte.

....

....

....

5 **Écris cet article de journal au passé. Quel temps vas-tu employer ?**

Cette tragédie énorme est si mystérieuse qu'elle inquiète le monde entier. Un cargo battant pavillon hondurien sombre au large de la Sicile, dans la nuit du 24 au 25 décembre. Mais on ne retrouve pas trace de l'épave. Pourtant, des rescapés témoignent.

....

....

....

....

Les homonymes

Des pièces en trop !

Vers la fin de la journée, comme je pénétrais pour la trentième fois dans le garage :
« C'est fini, me dit le garagiste.
– Mais tout ça, dis-je, inquiet, en montrant une caisse qui était garnie d'écrous, de filtres, de clavettes[1], vous n'allez pas le remettre dedans ?
– Bah ! dit l'homme, vous savez, quand on remonte un moteur, on s'aperçoit toujours qu'il y a un tas de bricoles inutiles. »

1. *Clavettes* : chevilles permettant d'assembler deux pièces.

Rappel

1 Écris un homonyme de chaque mot souligné dans le texte.

fin	fois	tout	en	quand	tas
....	....	....	....	....	....

2 Coche la bonne case. Aide-toi de ton livre.

Les homonymes de l'exercice 1 sont : des homophones ☐ ; des homographes ☐.

Recherche

3 À l'aide de ton dictionnaire, recopie la définition de ces homographes.

aire :	aire : ....
air :	air : ....
don :	don : ....
....	....
cousin :	cousin : ....

4 En t'aidant de ton dictionnaire, trouve les homophones de ces mots.

1. amande : ....
2. cher : ....
3. coin : ....
4. voix : ....
5. coq : ....
6. cœur : ....
7. date : ....
8. laid : ....

Application

5 Complète le texte avec les homonymes suivants :
cane, canne – fête, faîte – lac, laque.

Pour se rendre à la .... du village, grand-mère s'appuie sur sa .... Elle longe le .... sur lequel une .... conduit ses canetons. Elle a mis sa belle robe et a pulvérisé de la .... sur ses cheveux. Sur le .... d'un toit flotte un drapeau.

Exercices

6 Complète les expressions avec l'homonyme qui convient.

1. *non* ou *nom* ?	se faire un .... ; un wagon ....-fumeur ; au .... de la loi.
2. *voie* ou *voix* ?	trouver sa .... ; une .... d'or ; une .... de garage.
3. *pot* ou *peau* ?	c'est le .... de terre contre le .... de fer ; n'avoir que la .... et les os ; payer les .... cassés.

7 Écris l'homonyme qui répond à chaque devinette. Aide-toi des lettres en désordre.

1. C'est un ensemble de bananes et une méthode pour perdre du poids.

(e – i – r – é – m – g) ....

2. C'est une tâche que l'on n'aime pas accomplir, mais c'était aussi l'entretien des chemins par les paysans sous l'Ancien Régime.

(é – o – r – c – e – v) ....

3. Je la colle sur un livre, alors que la cour du roi y était soumise.

(t – é – i – e – t – t – u – q – e) ....

8 Barre les mots encadrés qui ne conviennent pas.

[a] [à] la sortie de l'école, Pauline attend que [sa] [ça] baby-sitter vienne [l'a] [la] chercher. Avant, Fabien attendait avec elle, [mes] [mais], depuis aujourd'hui, il a la clé de chez lui, accrochée à une chaussure de basket miniature. Il en [est] [ai] très fier. Pauline n'a pas envie d'avoir de clé. Tant pis [s'y] [si] ça ennuie [ses] [ces] parents, [et] [est] tant pis si elle [ce] [se] morfond devant l'école. Mais [ou] [où] aller ?

9 Complète les phrases avec : ont, on, sont, son, peu, peut, et, est.

1. .... vous rappelle que les trains .... du retard.
2. Le pilote monte dans la voiture avec .... équipier.
3. Le pilote .... son équipier s'entendent bien.
4. Ce cahier .... presque neuf.
5. Ces livres .... usagés.
6. Avec un .... de courage, on .... réussir.

Vocabulaire et écriture

10 Bien écrire, c'est aussi bien utiliser l'orthographe.

- **Complète ce texte avec les trois homonymes : pair, paire, père.**

Sur la place, un camelot vend des couteaux. Mon .... veut lui en acheter un. Mais le commerçant ne les vend que par nombre .... Il faut donc qu'il en achète une ....

- **Complète ce texte avec les quatre homonymes qui conviennent.**

Ce plat manque de .... Le cavalier monte en ....

De ces deux motos, je préfère .... qui a des chromes. Le maçon .... des barreaux pour protéger la fenêtre.

La capture de la princesse Sandrallia

Courbée sur l'encolure d'une licorne[1] dont elle agaçait les flancs de ses éperons, la cavalière galopait en direction de la chaîne des Trois-Lunes. Dans la plaine rase, à la végétation réduite aux buissons d'épinobranches[1] enracinés dans la terre ocre, le long panache de poussière soulevé par les sabots se voyait de loin... Et les guerriers caparaçonnés[2], montés sur de rugueux crapaudins[1], qui se dissimulaient dans un canyon en bordure de la chaîne, l'avaient repérée depuis longtemps. Quand ils surgirent de l'angle mort du défilé, poussant des cris éraillés à chaque saut de leurs amphibiens aussi baveux qu'écailleux, la cavalière ne chercha nullement à infléchir la course qui la précipitait droit vers les intrus. Au contraire, modérant la fougue de sa monture, elle se redressa sur ses étriers pour mieux observer ceux qui foulaient indûment Leulater[3]. Dès qu'elle les eut identifiés, un sourire de mépris flotta sur ses lèvres.

Avec ses longs cheveux de flamme cascadant jusqu'à sa taille, l'ovale rigoureux de son visage au menton poinçonné d'une fossette volontaire, le sombre éclat de ses yeux de charbon et le rouge naturel de sa bouche impérieuse, la cavalière avait une beauté altière et sauvage. C'était aussi une guerrière – ce que désignaient le plastron de mailles imbriquées, en cuivre vert, qui protégeait sa poitrine, et l'épée incurvée battant les flancs de sa monture.

Fille unique de Sandor Veltrano, prince déjà vieux et miné par la maladie sur qui reposait le destin de la petite principauté de Leulater, Sandrallia était plus attirée par le maniement des armes et les chevauchées solitaires que par la conduite des affaires qui allaient tôt ou tard lui revenir. [...] Le sabre jaillit du fourreau. Éperonnée, la licorne bondit vers l'avant, sa corne parallèle à l'épée. Sandrallia souriait toujours quand elle traversa la troupe, frappant d'estoc et de taille[4]. Un mercenaire ranstdraamien, engoncé dans son armure faite d'une carapace de tortule[1], culbuta sur le sol. Un crapaudin[1] trop lourdaud pour éviter le rostre de la licorne s'effondra, gorge crevée, répandant par sa blessure un flot de sang fielleux qui recouvrit son cavalier.

Quelques harpons se fichèrent dans la terre loin derrière la cavalière qui, faisant faire volte-face à sa monture, se préparait à une nouvelle charge. Les étrangers n'étaient qu'une petite dizaine. Et si lents, si lourds ! Elle en viendrait facilement à bout. Ensuite seulement elle pourrait envisager avec son vieux père les mesures de rétorsion à prendre contre ce Grattwaal qui dépassait la mesure. Elle lança vers le ciel un cri de guerre de son invention. Il s'étrangla dans sa gorge. Un filet aux lourdes mailles venait de s'abattre sur ses épaules, l'emprisonnant en même temps que sa monture.

Jean-Pierre ANDREVON, *Gandahar et l'oiseau-monde*, Hachette Jeunesse.

1. *licorne, épinobranches, crapaudins, tortule* : animaux et végétaux imaginaires.
2. *caparaçonnés* : les chevaux sont couverts d'une housse de protection.
3. *Leulater* : petit pays imaginaire de la planète Tridan, imaginaire elle aussi.
4. *d'estoc et de taille* : l'estoc est la pointe de l'épée et la taille est son tranchant.

Frapper d'estoc et de taille veut donc dire frapper de la pointe et du tranchant de l'épée.

1 À quel genre appartient ce texte ? Coche la bonne réponse.

roman historique ☐ roman de science-fiction ☐ roman sentimental ☐

2 Quelle période évoque le temps imaginaire de ce roman ? Coche la bonne réponse.

Il évoque le passé. ☐ Il évoque le futur. ☐

Relève trois exemples justifiant ta réponse.

1. ……………………………………………………………………………
2. ……………………………………………………………………………
3. ……………………………………………………………………………

3 Recopie, dans ton dictionnaire, le sens des mots soulignés dans le texte.

1. éraillé : ……………………………………………………………………………

……………………………………………………………………………

2. amphibien : ……………………………………………………………………………

……………………………………………………………………………

3. altier : ……………………………………………………………………………

……………………………………………………………………………

4. rostre : ……………………………………………………………………………

……………………………………………………………………………

4 Dans le portrait de la princesse (lignes 14 à 20), on peut relever les GN suivants qui contiennent tous un complément du nom et parfois un adjectif qualificatif.
Souligne en bleu le nom complété, en rouge le nom complément et en vert l'adjectif qualificatif.

ses longs cheveux de flamme
l'ovale rigoureux de son visage
ses yeux de charbon
le rouge naturel de sa bouche impérieuse
le plastron de mailles
les flancs de sa monture

5 Trouve un homonyme pour chacun de ces mots du texte et emploie-le dans une phrase.

1. chaîne : ……………………………………………………………………………
2. plaine : ……………………………………………………………………………
3. saut : ……………………………………………………………………………
4. vert : ……………………………………………………………………………

6 Dans ce paragraphe, tous les verbes, sauf un, sont conjugués au même temps. Lequel ?

……………………………………

Quel est le verbe qui reste ? ……………………………………

À quel temps est-il conjugué ? ……………………………………

Le sabre jaillit du fourreau. Éperonnée, la licorne bondit vers l'avant, sa corne parallèle à l'épée. Sandrallia souriait toujours quand elle traversa la troupe, frappant d'estoc et de taille. Un mercenaire ranstdraamien, engoncé dans son armure faite d'une carapace de tortule, culbuta sur le sol. Un crapaudin trop lourdaud pour éviter le rostre de la licorne s'effondra, gorge crevée, répandant par sa blessure un flot de sang fielleux qui recouvrit son cavalier.

Une expansion du nom : la proposition subordonnée relative (PSR)

Steven Spielberg, le cinéaste le plus populaire de la planète

Steven Spielberg est né dans l'Ohio, un État qui est au cœur des États-Unis. À cinq ans, il habite le New Jersey où il vit un moment magique. Une nuit, son père le réveille. Le garçon, dont le sommeil a été interrompu, voit le ciel s'éclairer d'une multitude de points lumineux : une pluie de météorites[1]. Cette image du ciel enflammé marquera à jamais Steven qui restera un passionné des étoiles. Une autre passion que rien ne pourra détruire, celle du film, naît chez lui vers douze ans, le jour où son père lui offre une caméra 8 millimètres.

1. *météorites* : objets solides en déplacement dans l'espace interplanétaire qui, à un certain moment, tombent sur la Terre.

Rappel

1 **Chaque proposition soulignée est l'expansion d'un nom. Entoure ce nom.**

2 • **Comment appelle-t-on le mot qui a pour expansion une proposition subordonnée relative ?**

....

• **Comment appelle-t-on le mot qui introduit une proposition subordonnée relative ?**

....

3 **Entoure en noir les pronoms relatifs du texte et en rouge leurs antécédents.**

Recherche

4 **Dresse la liste des divers pronoms relatifs du texte.** ....

5 **Fais l'analyse logique de la deuxième phrase du texte. Regarde l'exemple de ton livre.**

....

....

6 **Dans « une autre passion que rien ne pourra détruire », remplace la proposition subordonnée relative par un adjectif épithète de même sens.**

....

7 **Invente une proposition subordonnée relative qui puisse s'insérer dans cette phrase.**

En pleine nuit, son père .... le réveille pour l'emmener à la campagne.

Application

8 **Fais l'analyse logique de cette phrase.**

Le garçon dont le sommeil a été interrompu voit le ciel s'éclairer.

1. Le garçon voit le ciel s'éclairer : ....

2. dont le sommeil a été interrompu : ....

....

Exercices

9 Dans les phrases ci-dessous, remplace chacun des adjectifs en italique par l'une des propositions subordonnées relatives suivantes :

qu'il faudra – qui n'a pas de goût – que l'on ne pouvait pas prévoir – qui paraît toutes les semaines – que l'on ne peut excuser.

1. Il s'est produit un accident *imprévisible.* → ....
2. Cette eau est une eau *insipide.* → ....
3. Ce magazine est une revue *hebdomadaire.* → ....
4. Ce pilote a commis une faute *inexcusable.* → ....
5. Prenez tout le temps *nécessaire.* → ....

10 À l'aide du pronom relatif qui, transforme en une seule phrase complexe les couples de phrases simples. Regarde l'exemple.

J'aime cette ville. Elle est très vivante. → *J'aime cette ville **qui** est très vivante.*

1. Nous avons loué un appartement. Cet appartement est dans le centre ville.

→ ....

2. La voiture a heurté un piéton. Il traversait au feu vert.

→ ....

11 Recopie seulement les phrases contenant une proposition subordonnée relative (où est précédé d'un antécédent). Souligne ces propositions et entoure leur antécédent.

1. La ville où j'habite est très animée. 2. Où irons-nous dimanche ? 3. À son réveil, il se demanda où il se trouvait. 4. L'école où je me rends chaque jour est au centre de la ville. 5. Je sais où je trouverai ce livre. 6. Le magasin où l'on vend des livres s'appelle une librairie.

....

....

....

Grammaire et écriture

12 Les propositions subordonnées relatives peuvent partager la principale (soulignée) en plusieurs parties, comme c'est le cas dans l'exemple ci-dessous.
D'après ce modèle, construis une phrase où tu feras la description d'un objet ou d'un lieu de ton choix.

Dans une cuisine d'autrefois

<u>Charles contemplait avec tendresse les vénérables marmites</u> / ***qui*** *ronflaient à petit bruit,* / <u>le hachoir inquiétant</u> / ***qui*** *pouvait réduire ses doigts en chair à saucisse,* / <u>le rouleau à pâte</u> / ***qui*** *a l'air du bâton de Polichinelle* / <u>et l'antique bassinoire</u> / ***que*** *l'on promène l'hiver entre les draps.*

....

....

....

....

....

....

....

Quel(s) – quelle(s) – qu'elle(s)

Que de mystères !

Alors qu'elle atteint la petite place, Clémence se demande quel est cet étrange individu qui pénètre dans la brasserie. Elle regarde à travers la vitre, mais quelle n'est pas sa stupéfaction de constater qu'il a disparu sans laisser de traces ! Elle voit alors arriver à toute vitesse le groupe de touristes qu'elle avait dirigé vers la tour Eiffel. Pour quel motif ont-ils changé d'itinéraire ?

Recherche

1 **Dans le texte, souligne quel(s), quelle(s), qu'elle(s).**

2 **Dans « Alors qu'elle atteint la petite place », qui est désigné par elle ?**
Si au lieu de Clémence, il s'agissait d'un garçon, qu'aurait-on écrit ?
Il s'agit de Clémence. On aurait écrit " Alors qu'il atteit la ...

3 **Dans la phrase : « Elle regarde... sans laisser de traces ! », qui est désigné par il ?**
Si au lieu d'un individu, il s'agissait d'une personne, qu'aurait-on écrit ?
L'étrange individu.

4 **Dans le texte, avec quel mot s'accorde quel ?** motif
quelle ? stupéfaction

5 **Coche les bonnes cases pour compléter la règle. On écrit :**

	masculin	féminin	singulier	pluriel
1. *quel* quand il s'accorde avec un nom :	X		X	
2. *quelle* quand il s'accorde avec un nom :		X	X	
3. *quels* quand il s'accorde avec un nom :	X			X
4. *quelles* quand il s'accorde avec un nom :		X		X

Exercices

6 **Complète avec quel, quelle ou qu'il.**

1. Quelle est la couleur du ciel ? 2. Pour quelle équipe paries-tu ? 3. Je pense qu'il n'arrivera pas à l'heure. 4. Quel est votre problème ? 5. Je me demande ce qu'il peut faire. 6. Quel beau soleil ! 7. Savez-vous ce qu'il a fait ?

7 **Complète avec quel(s), quelle(s) ou qu'elle(s).**

1. J'ai lavé ma robe, j'attends qu'elle sèche. 2. Fixez bien votre tente afin qu'elle ne soit pas emportée par l'ouragan. 3. Avec quel plaisir vous reverrai-je ! 4. Quelles friandises avez-vous apportées ? 5. Quels sont vos films préférés ? 6. Dans qu'elle ville irons-nous ? 7. Voici des violettes, quelles vous portent chance ! 8. Quels sont vos jeux préférés ? 9. Quel soleil, sur la route ! 10. À quelle heure avez-vous vu la comète ?

Le présent du conditionnel : conjugaison

Pour la protection des animaux

Un projet de loi destiné à protéger nos amis les animaux serait soumis prochainement à l'Assemblée nationale. S'il était accepté, les animaux devraient être tatoués pour empêcher les vols et les abandons. Le maire d'une commune pourrait imposer la muselière et la laisse pour les chiens jugés dangereux. On fournirait aux personnes les plus démunies le moyen de soigner leurs animaux grâce à des aides ; on contrôlerait de plus près les refuges.

Recherche

1 **Souligne les verbes du texte conjugués au présent du conditionnel.**

2 **Écris ces verbes, à l'infinitif, dans le tableau (à l'exception des verbes avoir et être).**

Verbes du 1er groupe	Verbes du 2e groupe	Verbes du 3e groupe
....	....	....

Exercices

3 **Conjugue les verbes au présent du conditionnel, aux personnes indiquées. Tu peux t'aider de ton livre.**

chanter			grandir			découvrir		
Personne	Radical	Termin.	Personne	Radical	Termin.	Personne	Radical	Termin.
je	....	....	je	....	....	je	....	....
tu	....	....	tu	....	....	tu	....	....
nous	....	....	nous	....	....	nous	....	....

4 **Conjugue les verbes au présent du conditionnel.**

1. S'il faisait beau, nous *(sortir)* ....
2. Si tu voulais mon livre, je te le *(prêter)* .... volontiers.
3. S'ils avaient des économies, ils *(acheter)* .... des cadeaux.
4. Si on lui donnait ce qu'il veut, bébé ne *(pleurer)* .... pas.
5. Si tu étais le Père Noël, tu *(faire)* .... beaucoup d'heureux.

5 **Recopie ce texte en conjuguant les verbes au présent du conditionnel.**

Une semaine avant le grand jour, les enfants feront des projets. Ils choisiront des fleurs et en feront un gros bouquet qu'ils offriront à leur mère lorsqu'elle rentrera. On criera tous : « Bon anniversaire ! »

....

....

....

Le sens propre et le sens figuré

Le printemps

Le temps a laissé son manteau
De vent, de froidure et de pluie.
Et s'est vêtu de broderie
De soleil luisant, clair et beau.

Il n'y a bête ni oiseau
Qu'en son jargon ne chante ou crie :
« Le temps a laissé son manteau
De vent, de froidure et de pluie. »

Rivière, fontaine et ruisseau
Portent en livrée jolie
Gouttes d'argent d'orfèvrerie ;
Chacun s'habille de nouveau :
Le temps a laissé son manteau.

Charles d'Orléans, *Ballades et Rondeaux*, trad. de l'ancien français par Jean-Claude Mühlthaler, LGF.

Rappel

1 Qu'appelle-t-on sens propre et sens figuré ? Reporte-toi à ton livre.

....

....

2 Emploie le mot tête dans deux phrases :

- au sens propre : ....
- au sens figuré : ....

3 Cherche, dans ton dictionnaire, le sens de ces mots du texte : jargon, livrée, orfèvrerie.

Recherche

4 Classe les mots soulignés du texte dans le tableau.

Mots employés au sens propre	Mots employés au sens figuré
....	....
....	....
....	....

5 Écris si ces expressions sont au sens propre ou au sens figuré.

1. un manteau de laine : ....
2. un manteau de neige : ....
3. le manteau de la cheminée : ....

Application

6 Dans le poème, que désignent, au sens propre :

1. le « *manteau de vent* » ? ....
2. le vêtement « *de broderie* » ? ....
3. les « *gouttes d'argent d'orfèvrerie* » ? ....

Exercices

7 **Relie.**

Mon voisin a été opéré du *cœur*. •
Cet enfant a bon *cœur*. •
Je fais quelque chose à contre*cœur*. •
Le tripier vend des *cœurs* de bœuf. •
Je sais ma leçon par *cœur*. •

• sens propre
• sens figuré

8 **Écris, après chaque phrase, si le verbe tomber est employé au sens propre SP ou au sens figuré SF .**

1. Elle a buté contre une pierre et elle est *tombée*. ☐
2. Cette maison *tombe* en ruines. ☐
3. Au retour, les enfants *tombaient* de fatigue. ☐
4. Une tuile est *tombée* du toit. ☐
5. Il a pris de l'aspirine et sa fièvre est *tombée*. ☐
6. En hiver, la nuit *tombe* de bonne heure. ☐
7. Après ce voyage, de nombreuses personnes sont *tombées* malades. ☐
8. La pluie *tombe* des nuages. ☐

9 **Dans chacune des quatre phrases, souligne au moins un mot employé au sens figuré.**

Un escalier s'offrit aux pieds impatients des voyageurs qui s'y engouffrèrent pêle-mêle. Il conduisait dans une première salle qui avait une riche ornementation. Les yeux gris clair de Claudio étincelaient de joie. Il se pencha tout à coup comme si quelque chose d'inattendu avait frappé son regard.

10 **Cherche, dans ton dictionnaire, ce que désignent les mots suivants quand ce ne sont pas des animaux.**

1. rossignol : ....
2. chèvre : ....
3. grue : ....

Vocabulaire et écriture

11 **Dans les fables, on suppose les animaux doués de traits de caractère que l'on a coutume d'appliquer aux humains. Voici deux exemples de ces emplois figurés dont La Fontaine fit largement usage.**

• *Le chat et le renard sont des hypocrites dans « Le Chat et le Renard » :*

Le chat et le renard, comme beaux petits saints,
S'en allaient en pèlerinage.
C'étaient deux vrais tartuffes, deux archipatelins…

• *La belette est une rusée dans « Le Chat, la Belette et le petit Lapin » :*

Du palais d'un jeune lapin
Dame belette un beau matin
S'empara : c'est une rusée…

Écris un bref récit dans lequel tu mettras en scène des personnages représentés par des animaux.

....
....
....
....
....

Un ordinateur ultrapuissant

Alex doit découvrir ce qui se passe derrière le stormbreaker, un ordinateur ultrapuissant…

[Alex] s'approcha de la porte et fut surpris de voir qu'elle s'ouvrait toute seule. Le couloir était désert. C'était le moment d'agir.

Bâtiment A : administration et loisirs. Alex passa devant plusieurs bureaux avant d'arriver dans une cafétéria dallée de blanc, au décor impersonnel. Il ne croisa personne et s'engagea dans un passage en Plexiglas conduisant au bâtiment B. Là, il y avait des écrans d'ordinateur partout, qui scintillaient dans des bureaux surchargés de papiers et d'imprimantes. Conception de logiciels. Dans le bâtiment C, consacré à la recherche, il déboucha dans une bibliothèque où s'alignaient à l'infini des étagères de livres et de CD-ROM. Alex se dissimula derrière des rayonnages pour laisser passer deux techniciens en blouse blanche absorbés par une conversation animée. Il était hors des limites autorisées, livré à lui-même, et sans la moindre idée de ce qu'il cherchait. Des ennuis probablement. Quoi d'autre ?

Il se dirigea silencieusement, d'un air détaché, vers le dernier bâtiment. Des voix lui parvinrent. Il s'enfonça vivement dans un recoin, et se tapit derrière une petite fontaine d'eau potable. Deux hommes et une femme... passèrent sans le voir. Au plafond, Alex remarqua une caméra de surveillance qui pivotait vers lui. Dans cinq secondes elle l'épinglerait, mais il devait attendre que les techniciens se soient éloignés avant de filer pour échapper au grand-angle de l'objectif.

Avait-il été repéré ? Difficile de l'affirmer. Mais il était sûr d'une chose : le temps pressait. […]

Il s'engagea dans le passage vitré qui reliait le bâtiment C au bâtiment D. […] Le couloir menait à une porte qui avait l'air d'être condamnée, et cela depuis très longtemps. Elle ne portait aucune indication. Elle paraissait trop petite pour avoir une importance quelconque, et pourtant […] c'était la seule issue. La porte menait donc forcément quelque part !

Alex s'en approcha et essaya la poignée. Bloquée. Il pressa son oreille contre le panneau de fer. Rien. À moins que […]. Était-ce son imagination ? Il crut percevoir une sorte de martèlement, de pulsation […]. Il aurait donné n'importe quoi pour voir ce qu'il y avait derrière. Soudain il réalisa que c'était possible. La Game Boy était dans sa poche. Il la sortit, y inséra la cartouche Exocet, ralluma, et la plaqua contre la porte.

L'écran s'anima. Une petite fenêtre à travers le panneau de fer ! Alex vit une vaste salle, au milieu de laquelle se trouvait un engin très haut, en forme de tonneau. Et des gens. Sur l'écran ils ressemblaient à des fantômes et se déplaçaient de long en large. […] Il appuya sur le bouton « lumière » pour essayer de faire un zoom. Mais la salle était trop vaste, et tout était trop loin.

Alex fouilla dans sa poche et en sortit les écouteurs. Tenant toujours la Game Boy contre la porte, il brancha le fil et mit le casque sur sa tête. S'il ne pouvait voir distinctement au moins pourrait-il peut-être entendre. En effet il entendit des voix, lointaines mais audibles grâce au puissant amplificateur :

« … en place. Nous avons vingt-quatre heures.

– Ce n'est pas assez.

– C'est tout ce que nous avons. Ils viennent cette nuit. À deux heures. »

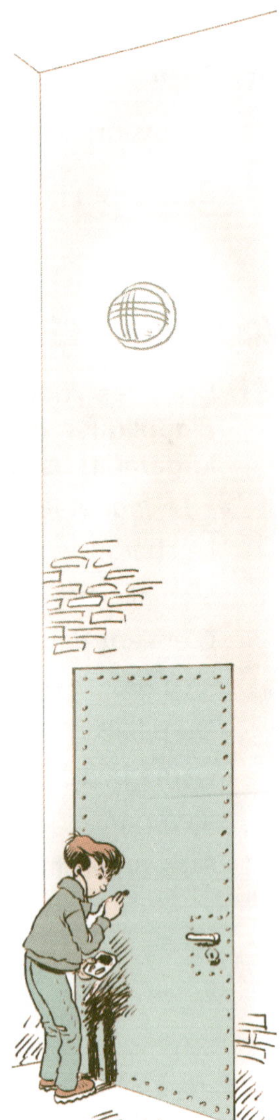

Anthony Horowitz, *Stormbreaker – Alex Rider, 14 ans, espion malgré lui*, trad. Annick Le Goyat, Hachette Jeunesse.

1 **Dans quel genre d'établissement Alex évolue-t-il ?**

....

....

2 **Que renferment les bâtiments que visite Alex ?**

- Bâtiment B : ....
- Bâtiment C : ....
- Bâtiment D : ....

....

3 **Quel est le bâtiment le plus mystérieux ? Pourquoi ?**

....

....

4 **La bibliothèque est-elle riche ? Que contient-elle ?**

....

....

5 **Dans chacune de ces quatre phrases, entoure le nom complété et souligne la proposition subordonnée relative expansion de ce nom.**

1. Là, il y avait des écrans d'ordinateur partout, qui scintillaient dans des bureaux surchargés de papiers et d'imprimantes.
2. Il déboucha dans une bibliothèque où s'alignaient à l'infini des étagères de livres et de CD-ROM.
3. Alex remarqua une caméra de surveillance qui pivotait vers lui.
4. Il s'engagea dans le passage vitré qui reliait le bâtiment C au bâtiment D.

6 **Pour chacun des mots en italique, recopie dans ton dictionnaire le sens propre et un sens figuré. Dans le texte, ces mots sont-ils employés au sens propre ou au sens figuré ?**

Alex se dissimula derrière des rayonnages pour laisser passer deux techniciens en blouse blanche *absorbés* par une conversation animée. Il était hors des limites autorisées, livré à lui-même, et sans la moindre idée de ce qu'il cherchait. Des *ennuis* probablement.

....

....

....

....

Types et formes de la phrase

Cambriolage chez l'ours

L'écureuil se décida le premier à jeter un coup d'œil dans la tanière de l'ours. Aussitôt, il poussa des cris de joie : le sac était là.
« Venez vite me donner un coup de main. »
Le sac était trop lourd. On ne parvenait pas à le soulever. Pourtant, en y mettant toutes ses forces, le caribou réussit à le traîner jusqu'au canot.
« Quand l'ours rentrera, il comprendra ce qui s'est passé, et il va nous courir après, dit le renard. Qui, parmi nous, a les dents les plus aiguës ?
– Moi ! proclama la voix fluette de la souris. Oui, c'est moi qui ai les dents les plus aiguës ! »

Rappel

1 Indique à quoi sert :
- une phrase impérative : ……………………
- une phrase interrogative : ……………………
- une phrase exclamative : ……………………
- une phrase déclarative : ……………………

2 Quels sont les deux mots que l'on emploie le plus couramment pour marquer la forme négative ?

……………………

Recherche

3 Recopie, dans le texte :
- une phrase impérative : ……………………
- une phrase interrogative : ……………………
- une phrase exclamative : ……………………
- une phrase déclarative : ……………………

4 Recopie, dans le texte, une phrase à la forme négative :

……………………

Application

5 Écris ces phrases à la forme négative.

Forme affirmative	Forme négative
1. Le sac était lourd.	……………………
2. Aidez-moi.	……………………
3. Qui a les dents aiguës ?	……………………
4. L'ours comprendra ce qui s'est passé.	……………………

Exercices

6 Souligne les phrases déclaratives.

Au bout de plusieurs heures d'efforts inutiles, Mathieu eut un grand cri de révolte.

« N'y aura-t-il personne pour venir à mon secours ? »

Une petite voix lui répondit.

« Me voici, que me veux-tu ? »

Il baissa les yeux et vit un tout petit homme qui lui arrivait à peine au mollet.

7 Écris le type de chacune de ces phrases.

1. L'oiseau, s'approchant du bord, vit sur l'eau des tanches qui sortaient du fond de la rivière.

....

2. Moi, héron, que je fasse un si pauvre repas ? ....

3. Et pour qui me prend-on ? ....

4. La tanche refusée, il trouva du goujon. ....

5. Du goujon, c'est bien là le dîner d'un héron ! ....

8 Transforme en phrases déclaratives (forme affirmative).

1. La marine de guerre américaine achètera-t-elle l'avion français ?

→ ....

2. Achetez un billet d'avion et partez vers le soleil !

→ ....

3. Est-ce que cette opération humanitaire sera renouvelée cette année ?

→ ....

9 Corrige, dans les cases, la ponctuation de ce paragraphe.

Les petits de Drouin, le moineau, sont malades ! ☐ Celui-ci, du haut de son arbre, consulte Renard qu'il prend pour un habile médecin ? ☐

« – Sais-tu que j'ai neuf enfants. ☐

– Je ne t'entends pas très bien, fit Renard qui tendit l'oreille ? ☐

– Je te dis que j'ai neuf enfants. ☐ »

Grammaire et écriture

10 Sur le modèle du dialogue ci-dessous, imagine un dialogue dans lequel figureront les divers types de phrase.

– Dans la nuit, mon panier a donné le jour à des œufs.

– On n'a jamais vu un panier pondre des œufs ! coupa le cadet.

– Je ne vois pas pourquoi ! s'écria l'aîné. Qu'en dira le juge ?...

....

....

....

....

....

Tout – tous – toute(s)

La construction de la cabane

Tous les jours, Florian et Éloïse faisaient avancer la construction de leur cabane. Aujourd'hui, toute la journée, ils avaient rentré des roseaux destinés à faire un tapis de sol. Quand tout le travail serait terminé, ce serait confortable, mais, pour l'instant, toutes les installations n'avaient pu être réalisées. Toutes avaient été prévues. Mais on passait beaucoup de temps à faire face aux difficultés : renforcer un mur qui manquait d'épaisseur, vérifier les mesures de la future porte. Qu'importe, les deux amis étaient satisfaits et ils rentraient le soir tout contents à la maison.

Recherche

1 **Dans le texte, souligne tout, tous, toute, toutes.**

2 **Dans l'expression « tous les jours », le groupe tous les constitue-t-il le déterminant de jours ? Aide-toi de ton livre page 32.**

....

3 **Relève les quatre GN du texte dans lesquels tout, tous, toute(s) font partie du déterminant.**

....

....

Dans ces quatre GN, comment se fait l'accord de *tout, tous, toute(s)* ?

....

Exercices

4 **Dans la phrase : « Toutes avaient été prévues. », à quelle classe appartient toutes ?**
Pour répondre, cherche s'il remplace un GN déjà présent dans le texte, et lequel.

....

Comment s'accordent *tout, tous, toute(s)* dans ce cas ?

....

....

5 **Dans « tout contents », à quelle classe appartient tout, qui modifie le sens de l'adjectif contents ? Aide-toi de ton livre page 42.**

....

Dans ce cas, *tout* s'accorde ☐ ; *tout* est invariable ☐. Coche la bonne réponse.

6 **Accorde tout, tous, toute(s) dans ce paragraphe.**

Tou............. les constructeurs de cabanes qui s'activaient dans le voisinage étaient *tou*............. excités à l'idée de présenter leur œuvre au jury. Les visiteurs admiraient ces cabanes, car *tou*............. avaient belle allure. Mais *tou*............. les avis prédisaient que Florian et Éloïse auraient le premier prix. *Tou*............. les opinions concordaient.

Livre pp. 120, 122-123

Révision : les verbes en -cer et -ger aux temps simples de l'indicatif

Un photographe animalier

Je me lançai dans une prudente approche ; j'avançais, avec précaution, pour ne pas faire de bruit. Je me plaçai contre le tronc d'un gros arbre, rangeai près de moi mes accessoires et commençai à photographier. Je dirigeai mon objectif vers un ruisseau sur lequel quelques oiseaux changeaient de place doucement. Le plus beau se logea près d'une touffe de nénuphars.

Recherche

1 **Complète le tableau avec les verbes du texte.**

Verbes en *-cer*			Verbes en *-ger*		
Verbe conjugué	Infinitif	Temps	Verbe conjugué	Infinitif	Temps
....	....	....	....	....	....
....	....	....	....	....	....
....	....	....	....	....	....
....	....	....	....	....	....

2 **Relis dans ton livre les règles qui te permettent d'écrire les verbes en -cer et en -ger sans faute.**

Exercices

3 **Complète le tableau.**

Verbe	Personne	Présent	Imparfait	Passé simple
percer	je	....	....	....
charger	tu	....	....	....
corriger	nous	....	....	....
tracer	vous	....	....	....

4 **Conjugue le verbe à l'imparfait, puis écris la phrase à la personne correspondante du pluriel.**

Tu *(loger)* .... à l'hôtel. → Vous ....

Je *(voyager)* .... à vélo. → ....

Un homme *(avancer)* .... → ....

5 **Écris les verbes aux temps indiqués.**

Présent : Tu *(tracer)* .... un cercle, puis tu *(effacer)* .... le tableau.

Imparfait : Tu *(tracer)* .... un cercle, puis tu *(effacer)* .... le tableau.

Passé simple : Nous *(décharger)* .... le camion.

Onomatopées, abréviations, sigles

Coin coin !

À la télé, on a présenté un documentaire insolite. Le décor était celui d'un terrain vague parsemé de vieux pneus, de carcasses d'autos. D'un bus de la RATP désaffecté sont sortis des canetons qui se sont alignés derrière leur mère et sont partis cahin-caha, faisant entendre des coin coin sonores. Ils allaient, dans cette friche, à la recherche de cricris[1], l'une de leurs grandes friandises. Dans le lointain, sur l'autre rive du fleuve, s'étendait la ville d'où émergeaient le clocher de sa cathédrale et les immenses tours de sa cité HLM.

1. *cricri* : nom familier du grillon.

Rappel

1 Relie chaque mot à sa catégorie.

citronnade •	
interposer •	• dérivé avec suffixe
pince-sans-rire •	• dérivé avec préfixe
hypertension •	• mot composé
rondelet •	

Recherche

2 Lis dans ton livre ce qué sont une onomatopée, une abréviation, un sigle. Relève ces mots dans le texte et classe-les dans le tableau.

Onomatopées	Mots formés par abréviation	Sigles
....	....	....
....	....	....
....	....	....
....	....	....

3 Écris les mots longs à partir desquels ont été formés ces mots abrégés.

Mot abrégé	Mot long	Mot abrégé	Mot long
télé	....	auto	....
pneu	....	bus	....

Application

4 Emploie chacun de ces mots dans une phrase.

1. cocorico : ....
2. SPA[1] : ....
3. micro : ....
4. glouglou : ....

1. SPA : Société protectrice des animaux.

Exercices

5 **Écris les sigles de :**

1. deux clubs de football : ……………………………………

2. deux chaînes de télévision : ……………………………………

6 **Écris les sigles correspondant :**

1. aux départements d'outre-mer et territoires d'outre-mer : ……………………………………

2. à un objet volant non identifié : ……………………………………

3. à l'Agence nationale pour l'emploi : ……………………………………

4. à la Régie autonome des transports parisiens : ……………………………………

7 **À quels objets, êtres vivants ou événements te font penser ces onomatopées ?**

1. glouglou : ……………………………………

2. flonflon : ……………………………………

3. crincrin : ……………………………………

4. teuf-teuf : ……………………………………

5. patatras : ……………………………………

8 **Parmi ces verbes, souligne ceux qui sont formés à partir d'une onomatopée.**

coller – chuchoter – caqueter – colorer – copier – claquer – miauler – échapper – ronronner – fraterniser – fignoler – croasser – observer – roucouler.

9 **Quels mots abrégés ont été formés à partir de ces mots longs ?**

Mot long	Mot abrégé	Mot long	Mot abrégé
crocodile	……………………	récréation	……………………
publicité	……………………	professeur	……………………
baccalauréat	……………………	tramway	……………………
radiophonie	……………………	pull-over	……………………
cinématographe	……………………	métropolitain	……………………

Vocabulaire et écriture

10 **Sur ce modèle, écris un petit poème en traduisant les bruits par des onomatopées.**

« Tiakakek ! » fait le pivert
Au milieu du gazon vert,
« Tiakakek ! Tiakakek. »
Il bêche l'herbe avec son bec. […]

Dans les forêts d'Amérique
Il existe un plus beau pic !
C'est le tendre couroucou. […]
« Couroucou… couroucou… »
– C'est un cri beaucoup plus doux.

Madeleine Ley, *La Maison du ciel*, Stock.

……………………………………

……………………………………

……………………………………

Gavroche : la générosité…

Les deux enfants emboîtaient le pas derrière lui.

Comme ils passaient devant un de ces épais treillis grillés qui indiquent la boutique d'un boulanger, car on met le pain comme l'or derrière les grillages de fer, Gavroche se tourna :

« Ah ça, mômes, avons-nous dîné ?

– Monsieur, répondit l'aîné, nous n'avons pas mangé depuis tantôt ce matin.

– Vous êtes donc sans père ni mère ? reprit majestueusement Gavroche.

– Faites excuse, monsieur, nous avons papa et maman, mais nous ne savons pas où ils sont.

– Des fois, cela vaut mieux que de le savoir ! » dit Gavroche qui était un penseur.

Cependant il s'était arrêté, et depuis quelques minutes, il tâtait et fouillait toutes sortes de recoins qu'il avait dans ses haillons[1].

« Calmons-nous, les momignards. Voici de quoi souper pour trois. » Et il tira d'une de ses poches un sou.

« Garçon ! cinq centimes de pain. »

Le boulanger, qui était le maître en personne, prit un pain et un couteau.

« En trois morceaux, garçon ! » reprit Gavroche.

Et il ajouta avec dignité :

« Nous sommes trois. »

Et voyant que le boulanger, après avoir examiné les trois soupeurs, avait pris un pain bis[2], il plongea profondément son doigt dans son nez, avec une aspiration aussi impérieuse que s'il eût eu au bout du pouce la prise de tabac du grand Frédéric[3], et jeta au boulanger en plein visage cette apostrophe indignée :

« Keksekça ? »

« Eh mais ! c'est du pain, du très bon pain de deuxième qualité.

– Vous voulez dire du larton brutal[4], reprit Gavroche, calme et froidement dédaigneux. Du pain blanc, garçon ! du larton savonné[5] ! je régale. »

Quand le pain fut coupé, le boulanger encaissa le sou, et Gavroche dit aux deux enfants : […]

« Mangez. »

En même temps, il leur tendait à chacun un morceau de pain. Et, pensant que l'aîné, qui lui paraissait plus digne de sa conversation, méritait quelque encouragement spécial et devait être débarrassé de toute hésitation à satisfaire son appétit, il ajouta en lui donnant la plus grosse part :

« Colle-toi ça dans le fusil. »

Il y avait un morceau plus petit que les deux autres. Il le prit pour lui.

Victor Hugo, *Les Misérables*.

1. *haillons* : vêtements très usagés.
2. *pain bis* : pain de seconde qualité contenant du son.
3. *le grand Frédéric* : roi de Prusse dont chaque geste, dit-on, avait de la majesté.
4. *larton brutal* : en argot de cette époque, pain bis.
5. *larton savonné* : toujours en argot, pain blanc.

1 **D'après cette phrase, le pain était-il une denrée précieuse au XIXe siècle (moment où se situe cette histoire) ? Pourquoi ?**

Ils passaient devant un de ces épais treillis grillés qui indiquent la boutique d'un boulanger, car on met le pain comme l'or derrière les grillages de fer.

....

....

....

2 **Pour montrer que Gavroche est un enfant des rues, Victor Hugo le fait employer quelques mots d'argot. Relève quatre de ces mots ou expressions.**

....

....

3 **Les deux enfants parlent-ils à Gavroche d'égal à égal ou bien s'adressent-ils à lui avec déférence ? Quels sont les mots ou expressions qui le montrent ?**

....

....

....

....

4 **Lorsqu'il s'adresse au boulanger, Gavroche, fort de pouvoir payer avec un sou, utilise-t-il son langage habituel ou bien parle-t-il comme un bourgeois nanti ? Quels détails le montrent ?**

....

....

....

5 **L'auteur joue avec la langue et écrit toute une phrase en un seul mot amusant : « Keksekça ? » (ligne 27). Écris la phrase telle qu'elle devrait l'être.**

....

6 **Que signifie « Colle-toi ça dans le fusil. » ? (ligne 39).**

....

7 **Pourquoi, dans les deux dernières phrases, est-il dit que Gavroche prend le plus petit morceau de pain pour lui ? De quelle qualité fait-il preuve ainsi ?**

....

....

8 **Écris au présent :**

Nous n'avons pas mangé → ....

9 **Dans les lignes 1 à 12 :**

- marque par un petit trait vertical le début et la fin du dialogue ;
- souligne en bleu les phrases interrogatives et en rouge les phrases exclamatives.

Si tu as aimé les textes de ce cahier, tu pourras aller plus loin en lisant les livres suivants.

Jean-Pierre ANDREVON, *Gandahar et l'oiseau-monde*, Hachette Jeunesse.

Cesare BATTISTI, *Copier-Coller*, Flammarion.

René BAZIN, *Le blé qui lève*, Calmann-Lévy.

COLETTE, *Histoires de Bel Gazou*, Fayard.

Alphonse DAUDET, *Les Lettres de mon moulin.*

Eilis DILLON, *L'Île des chevaux*, Pocket Jeunesse.

Georges DUHAMEL, *Chronique des Pasquier, volume 1, Le Notaire du Havre*, Mercure de France.

ENGLE et BARNES, *Les Humanoplantes*, Pocket Jeunesse, Univers Poche.

Anatole FRANCE, *L'histoire contemporaine*, La Table ronde.

Ernest HEMINGWAY, *Le vieil homme et la mer*, Gallimard.

Maurice HERZOG, *Annapurna, Premier 8000*, Arthaud.

Anthony HOROWITZ, *Stormbraeker-Alex Rider, 14 ans, espion malgré lui*, Hachette Jeunesse.

Jerome K. JEROME, *Trois hommes dans un bateau*, Flammarion.

Rudyard KIPLING, *Le livre de la jungle*, Hachette Jeunesse.

Liliane KORB, Laurence Lefèvre, *Bout d'ficelle ou le secret du chemin-vert*, Castor poche- Flammarion.

Valéry LARBAUD, *Enfantines*, Gallimard.

Charles LINDBERGH, Léon LEMONNIER, *Mon Avion et moi*, Arthaud.

Carlo LUCARELLI, *Fièvre jaune*, Hachette Jeunesse.

Stephen MANES, *Comment devenir parfait en trois jours*, Rageot.

Catherine MISSONIER, *Extraterrestre appelle CM1*, Rageot.

Thalie de MOLÈNES, *Ricou et la rivière*, Flammarion.

Marie-Aude MURAIL, *Le Défi de Serge T.*, Bayard Jeunesse.

Lorris MURAIL, *Dan Martin fait son cinéma*, Rageot.

Marcel PAGNOL, *La Gloire de mon père*, Bernard de Fallois.

Achevé d'imprimer en France sur les presses de JOUVE - N° 353718V
Dépôt légal : 49810 - 08/2004 - Collection n° 20 - Édition n° 02 - 11/6442/5